特攻隊員の現実《リアル》

一ノ瀬俊也

講談社現代新書

2557

まえがき

一九四四（昭和一九）年、連合軍の猛反撃の前に後退につぐ後退を強いられた日本軍は、戦局挽回の唯一の手段として、爆弾を積んだ飛行機や小型潜水艇、人間魚雷、モーターボートなどによる敵艦船への特攻を組織的に開始した。特攻（特別攻撃）とは、太平洋戦争後期の日本陸海軍がおこなった、敵艦船への体当たり戦法をいう。

これら生還の見込みのない体当たり兵器に乗ったのは、大多数が二〇代以下の若者たちである。陸軍士官学校や海軍兵学校を出た正規ルートの士官、学徒出身の士官、一〇代半ばで少年飛行兵となった人びとが、志願、ないしは命令に従って特攻隊員となった。この特攻は一九四五年八月の敗戦まで続けられ、多くの若者が帰らぬ人となった。

多くの特攻隊員が故郷に帰りたいと思いながら出撃していった。戦争を生き延びた海軍少尉・野田克人の回想によれば、一九四五年四月二九日、海軍の神風《しんぷう》特別攻撃隊・第五七《しち》生《しょう》隊員として沖縄近海の米艦船に特攻、戦死した森丘哲四郎《もりおかてつしろう》少尉（第一四期飛行予備学生）の出撃の様子は次のようなものだった。

私は森丘機の翼端支持をして走り、主翼に飛び乗って最期の握手。「俺も直《す》ぐ行くぞ」というと、森丘は寂しそうにひと言「故郷へ一度帰りたかった」。座席の前にお茶の友だちのお嬢さん方から贈られた人形が沢山吊《つる》してあって、涙で霞《かす》んで見えなくなった。（土居良三編『学徒特攻 その生と死』）

森丘は東京農業大学出身で当時二三歳だった。「飛行予備学生」は、大学などを出て海軍に入隊し、速成教育を受けて航空機搭乗員となった人たちである。「第一四期」は一九四三年の学徒出陣により志半ばで学窓を離れて入隊した組を指す。

森丘は在隊中の一九四四年五月二七日の日記に「農民と共に土に鍬《くわ》取りて死す。余が初心なり。然れども国の急に応じ航空機搭乗員」と、入隊後もなお諦めきれない農業経営の夢を記している（以下の記述は、森丘正唯・伊藤秀雄編『神風特別攻撃隊七生隊 森丘少尉』による）。

森丘にはもう一つ夢があった。ある女学生との結婚である。

飛行予備学生に採用された森丘は、朝鮮の元山《ウオンサン》基地で戦闘機の操縦訓練を受けていた。四四年一二月二〇日の日記に「二千有余の生命と己《おの》が個人の生命を交換することのできる戦斗機搭乗員」と書くなどして、特攻死への覚悟を固めていた。しかし訓練中の殉職があいつぎ、戦友同士で「何時《いつ》でも死ねる心構えを作りたい」という話が出た。

森丘の提案により、お寺で茶道を習うことになった。彼が特攻機内に飾った人形を贈ったのは、一緒に茶道を習った女学生や故郷の女性たちである。四五年一月初旬、飛行作業に自信を失っていた森丘は、小林治子という女学生とともに茶道を習うことで「搭乗員の苦悶を突破した」という。彼女は森丘にとって「結婚の理想の表現可能な女学生」となったが、二月二二日、正式に特攻隊員に指名されたことで、その夢も絶たれた。

当時、森丘のみならず多くの特攻隊員が女学生手作りの人形とともに出撃していった。「何処《どこ》までも君が贈りしマスコット愛機に乗せて吾は征くなり」との辞世を遺して出撃した一八歳の隊員もいた（陸軍伍長・新田豊蔵、山口志郎編『太平洋戦争　将兵万葉集』）。

マスコット人形は、特攻隊員たちの悲哀や、彼らにかけられた女性たちの真心の象徴である。この話を涙なしに読むことはできない。

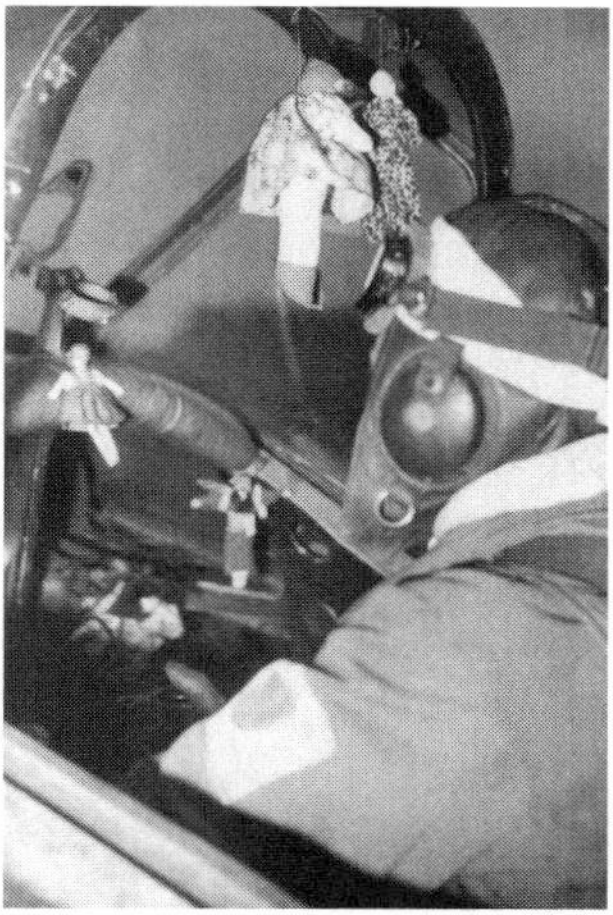

婦人会から贈られた人形とともに出撃する特攻隊員（1945年、毎日新聞社提供）

だが、隊員たちの人形は、特攻の別の側面を浮き彫りにもする。森丘が戦死した沖縄戦のころになると特攻隊員たちの心は荒《すさ》み、「首から大きな数珠《じゅず》をぶら下げている、まるでどこかの荒法師か修験者のような格好の者。胸にマスコットの人形を三つも吊り下げている者。『非理法権天《ひりほうけんてん》』（南朝の忠臣・楠木正成《くすのきまさしげ》が掲げたとされる旗印《はたじるし》）と黒々とした墨で大書した旗幟《きし》をつっ立てている者」が現れたという（森本忠夫『特攻』）。この場合、人形は死を強制された隊員たちの苦悶や怨恨の象徴となる。

さらに、特攻隊員への人形贈呈には、少女たちの熱意や真心を利用した、戦意高揚目当ての官製運動的な側面もあった。

沖縄戦さなかの四五年五月一二日付『朝日新聞』に、陸軍獣医資材本廠で働く乙女たちが陸軍航空本部に「もんぺの作業服に神風鉢巻をきりりとしめた」手製人形を「敵撃滅の機上にお伴させて」くださいとの手紙を添えて寄託したとある。これを新聞が美談的に書き立てている点に注目すべきである。人形には、特攻隊員に〝道連れ〟を与えることでひたすら突撃させたい、全国の女性たちにはその片棒を担がせたいという、軍とメディアの結託した意図がにじむ。

以上の人形の話は、特攻について考えるうえで、基本的かつ重要な問いを我々に与えてくれる。すなわち、特攻隊員は何を考え、亡くなっていったのか（特攻隊員の心情）、軍上層部やメディアはなぜ特攻を進めたのか（特攻の意図）、特攻隊員と彼らによっておこなわれる戦争を、女学生はじめ国民はどうみていたのか（国民の特攻・戦争観）という、三つの問いである。これまでの特攻論は、この国民の視点を欠いていたのではなかろうか。

本書は、これらの視点に立ちながら、特攻隊員の日記や手紙、当時の国民の回想などを読み解き、当時の日本人にとって特攻とは何だったのかを考えてみたい。

もうひとつ、本書とこれまでの特攻論との違いを述べておく。これまでの特攻論は、特攻隊員たちの死の意義を、戦後の平和と繁栄の礎と説明してきた。あたかも彼らは降伏と復興、その後の経済成長を知り、そのために命を投げ出していったかのようである。しかし、いうまでもないことだが、特攻隊員たちは一九四五年八月一五日の敗戦を知らずに亡くなっていった人びとである。つまり、彼らの頭のなかには降伏も繁栄も存在しない。そうであるなら、特攻隊員たちの頭のなかにあったものは何なのか。本書はこの点を念頭に置き、特攻の現実に迫ってみたい。

第二章 沖縄戦の特攻隊員

序章　特攻はなぜ始められたか

日本側の犠牲者

なぜ日本陸海軍は一九四四（昭和一九）年に飛行機に爆弾を積んでの体当たり、すなわち航空特攻を始めねばならなかったのか。特攻にはいわゆる人間魚雷による水中特攻や、小型艇による水上特攻などもあるが、本書では航空特攻にしぼって特攻を論じることを、はじめにお断りしておく。

航空特攻による日本側の犠牲者については、さまざまな異なる数字が残っている。小沢《おざわ》郁郎《いくろう》はそれらを集計し、敗戦までの陸海軍特攻出撃機を延べ三六〇四ないしは三九〇四機、直掩機《ちょくえんき》（護衛機）を延べ九一九ないしは九二三機、突入・未帰還機を二四六七機以上ないしは二八二二機以上、戦死者を三七二四名以上と推定している。わかりにくい書き方になっているのは、「調査もできぬほどに、特攻隊の出し方も記録も、いい加減なものであった」からである（小沢『改訂版　つらい真実』）。

一九四一年一二月に始まった日米戦争は、主に海の上で戦われる戦争であった。日本軍は開戦するや否や、太平洋に散らばる島々を占領し、飛行場を建設した。そこに日本の航空部隊がいるかぎり、米軍は日本本土めざして進むことはできない。日本軍の飛行機に米軍の兵士や物資を積んだ船団を空から爆弾や魚雷で攻撃され、沈められてしまうからである。
対する米軍は、日本本土めざして進むためには日本軍の占領している島々を奪い返し、その飛行場から飛行機を飛ばして味方の輸送船団を護衛したり、その先にある日本軍の基地を爆撃していった。飛行機のカバーなしに日本本土へ近づくことはできなかった。こうして日米戦争は飛行機によって戦われる戦争になった。

米空母の対空砲火に撃墜される日本軍攻撃機「天山」

飛行機を発着させて味方の頭上を守るため、日米両軍とも航空母艦と呼ばれる船の建造に力を入れた。工業力に勝る米国が大型航空母艦とその搭載機を大量にそろえることができたのは、一九四三年末から四四年にかけてのことである。
米軍はその航空母艦をまとめて機動部隊を作り、対日反攻を本格化させた。日本軍が守る島々に、機動部隊の護衛付きの上陸船団を向かわせた。日本軍はこれを洋上で撃破しようと飛行機を向かわせるが、米軍の空母から発進した大量の戦闘機と、船から打ち上げる猛烈な対空砲火によって多くが撃墜されていった。やがて米軍は目標の島に上陸して日本の陸上部隊を撃破し、飛行場を作って飛行機を飛ばす。

こうなると仮に日本軍が増援の部隊を船に積んで向かわせたとしても、島に上陸するのは不可能に近くなる。今度は味方が米軍の飛行機に襲われるからである。

こうして、一九四四年に入ると日本軍の守る島々は米軍にあいついで奪い返されていった。数と質に劣る日本軍の飛行機が、米軍の空母や船団に致命傷を負わせられなくなっていたのが、その根本的な原因だった。このままでは、米軍が日本本土まで到達してしまう。

日本側の対応策は、わずかに敵艦船の上空へたどり着いた飛行機から投下する爆弾の命中精度を上げることしかなかった。通常の攻撃方法で爆弾を落としても、米軍の艦船にかわされてしまう。ならば、爆弾を積んだ飛行機を人間が操縦してそのまま体当たりすれば、命中率はいくばくなりとも上がると考えられた。

この体当たり戦法の導入に一歩先んじたのは日本海軍であった。数人の現場指揮官が体当たり戦法を上申した。海軍大佐・城英一郎《じょうえいいちろう》は一九四三年七月二日の日記に、「航本〔海軍航空本部〕の大西《おおにし》総務部長に、先般具申の特殊航空隊の実行方を請願」したが、まだその時機ではないとして賛同されなかった。しかし城は、自分は上官の命令で実行するのではない、「黙認を得、且《かつ》機材と操縦者を得れば実行し得るを以て、小官の決心としては不変、転出実行の機会を俟《ま》つ」（野村実編『侍従武官 城英一郎日記』）と書いている。

ここでいう「特殊航空隊」とは、ソロモン・ニューギニアにおける劣勢を挽回するための、飛行機による体当たり部隊である。「大西総務部長」はのちにフィリピンで神風特別攻撃隊を指揮する大西瀧治郎《たきじろう》中将（この時は海軍航空本部総務部長）で、この時点ではまだ乗り気でなかった。それでも、城はとにかく「黙認」さえ得られれば自分の裁量でやりたい、そのため早く前線に出たいと書いている。つまり、本気なのである。

その翌年の一九四四年六月一九日、海軍第三四一航空隊司令の岡村基春《おかむらもとはる》大佐も「戦勢今日に至っては、戦局を打開する方策は飛行機の体当たり以外にはないと信ずる。体当たり志願者は、兵学校出身者でも学徒出身者でも飛行予科練習生出身者でも、いくらでもいる。隊長は自分がやる。三〇〇機を与えられれば、必ず戦勢を転換させてみせる」と、千葉県の館山《たてやま》基地へ巡視に来た第二航空艦隊司令長官・福留繁《ふくとめしげる》中将らに意見具申した。

福留は上司の軍令部次長・伊藤整一《いとうせいいち》中将にこの意見を伝えたが、伊藤は「まだ体当たり攻撃を命ずる時機ではない」と消極的だった（防衛庁防衛研修所戦史室編『戦史叢書 大本営海軍部・連合艦隊〈六〉第三段作戦後期』）。

この時点の大西や伊藤は、体当たり攻撃にまだ乗り気でなかった。その理由は、単に十死零生《じっしれいしょう》の特攻が「非人道的」戦法だからではない。戦時中、陸軍の航空技術将校だった升本清《ますもときよし》が「無限に特別攻撃を続けるということは、日本人相互の関係においても正に非人道的で『一将功成って万骨枯る』といった、一種の虚無的な思想が、全軍将兵の頭を支配するようになるだろう」（升本『燃ゆる成層圏』）と述べているように、特攻は全軍の士気を低下させて統率を困難にさせるし、命じた「将」は部下の命を顧みずに「功」を焦る無能、との評価も生む。だから、上層部は体当たり戦法の採用に躊躇《ちゅうちょ》したのである。

サイパン陥落の衝撃

しかし、一九四四年六月一五日、米軍はサイパン島に上陸した。これを撃退しようと出撃した日本海軍機動部隊と米海軍の決戦・マリアナ沖海戦（同月一九、二〇日）で、日本軍は一方的な敗北を喫した。日本軍にとって、同島を含むマリアナ諸島は太平洋の扇の要ともいうべき重要な戦略拠点であったが、艦隊航空戦に敗北した結果、その防衛は不可能となった。これにより日本軍は、戦争終結への望みを絶たれた。

大本営陸軍部戦争指導班は同年六月二四日の日誌に「来月上旬中には『サイパン』守備隊は玉砕すべし、最早希望ある戦争指導は遂行し得ず、残るは一億玉砕に依《よ》る敵の戦意放棄を俟《ま》つあるのみ」（軍事史学会編『大本営陸軍部戦争指導班 機密戦争日誌 下』）と綴《つづ》った。

これは、日本人が「一億玉砕」するまで戦争を続けて米国の軍民を倦《う》ませ、戦意を放棄させることで、不名誉な降伏ではなく、対等な講和につなげたいというのである。

陸海軍は早々にサイパン島放棄を決定したが、大元帥・昭和天皇はなおも諦めず、二五日に元帥会議を開かせ、再考をうながした。

この会議でも結局は放棄策が支持されたが、その席上、元帥海軍大将の伏見宮博恭王《ふしみのみやひろやすおう》は「陸海軍とも、なにか特殊の兵器を考え、これを用いて戦争をしなければならない……戦局がこのように困難となった以上、航空機、軍艦、小舟艇とも特殊のものを考案し迅速に使用するを要する」（防衛庁防衛研修所戦史室編『戦史叢書 大本営海軍部・連合艦隊〈六〉第三段作戦後期』）と、劣勢挽回を可能にする「特殊」兵器の開発を要望した。

この要望に対し、嶋田繁太郎《しまだしげたろう》軍令部総長は「新兵器を二、三考究中である」と応じた。戦史叢書は嶋田のいう「新兵器」を、人間魚雷「回天《かいてん》」やモーターボート「震洋《しんよう》」などの水上特攻兵器と推定している。

こうした新兵器願望は、国民のあいだにもあった。埼玉県久喜町《くきまち》で高等女学校の教師をしていた浅見真吉は、四四年八月三日の日記に「太平洋方面はおされ気味だ。成層圏飛行機で米大陸爆撃をやるか、特殊潜航艇のようなもので一挙に敵艦船をやっつけるようなことは出来ないものか」、「素人《しろうと》考えで勝手な熱を吹くのはいけないかもしれないが奇想天外的の戦果はないものか」と書いている（津田道夫編『ある軍国教師の日記』）。

浅見は、その息子の回想によれば「戦局に一喜一憂し、『聖戦』を信じて、久喜高女の教師として、久喜町の亜インテリとして、戦争協力に全力をあげていた」人だったが、それでも戦争の前途に不安を抱くようになっていた。浅見は自分の考えを「素人」と卑下するが、玄人《くろうと》中の玄人のはずの伏見宮も、たいして変わらないことを考えていたわけである。

一撃講和論

天皇や伏見宮たち陸海軍はサイパン島の奪回こそ諦めたが、戦争自体の継続では一致していた。連合国は日独に無条件降伏を要求していたし、日本はまだ広大な占領地を保持し、本土への直接上陸を許してもいなかったからである。だが、どのようにして戦争を終結させるかの展望は指導者層、そして国民にも示す必要があった。そのさい戦争終結構想として唱えられたのが「一撃講和論」である。その内容を端的に示すのが、陸軍大将・東《ひがし》久邇宮稔彦王《くにのみやなるひこおう》の一九四四年七月一一日の日記の「わが海軍は、なお最後の一戦をやる余力があるから、陸海軍の航空戦力を統合して、アメリカ軍に一撃を加え、その時機に和平交渉をするのがよい。これがためには、陸海軍統帥部の一元化と航空戦力の一元化を、急速に実施しなくてはならない」という記述である（東久邇稔彦『一皇族の戦争日記』）。「最後の一戦」すなわち決戦で米軍に一撃を加えて有利な立場を築き、そのうえで和平交渉をおこなうというのである。ほかに戦争終結の見込みは思いつかないので、米国側が一度負けたぐらいで和平交渉に応じるかについては、考えないことになっている。

現在の目からすれば、どうせ降伏に追い込まれるのであれば、はやく降伏していれば沖縄戦や原爆投下、ソ連参戦も避けられたと思う。しかし当時の戦争指導者たちはそうは考えなかった。内閣総理大臣・陸軍大将の小磯国昭《こいそくにあき》は敗戦後の一九四九年、日米戦史編纂を担当していたGHQ（連合国軍総司令部）歴史課のヒアリングで「負け戦と云うことを承知している政府が、ここで直《す》ぐ講和をすれば苛酷な条件に屈伏せねばならず、勝っているとのみ信じている国民は之《これ》に憤激して国内混乱のもとを為《な》すであろう」、「今度会戦が起りましたならばそこに一切の力を傾倒して一ぺん丈《だけ》でもいいから勝とうじゃないか。勝ったところで手を打とう、勝った余勢を駆《か》って媾和すれば条件は必ず幾《いく》らか軽く有利になる訳だと思ったのです」と回想している（佐藤元英・黒沢文貴編『ＧＨＱ歴史課陳述録　終戦史資料（上）』）。

注目すべきは、東久邇宮や小磯の唱えた一撃講和論が、長いあいだ戦争に協力してきた国民の怒りを引き起こさないための選択であったこと、そして戦いの決め手が陸海軍の航空戦力であったことだ。

ここに、航空への期待が高まる。陸軍側の航空のトップである陸軍航空総監兼航空本部長・中将の菅原道大《すがわらみちおお》は、四四年七月二七日の日記に「今や対米勝利を得《え》がたしとするも、現状維持にて終結するの方策を練らざるべからず。之《こ》れ、最後に於ける敵機動部隊等に対する徹底的大打撃なり」と記した（偕行社編『菅原将軍の日記』）。

菅原は対米戦争を「現状維持」、つまりかろうじて対等なかたちで終わらせるには、侵攻してくる米軍の機動部隊になんとかして大打撃を与えねばならない、と考えていた。それまで陸軍航空は敵艦船ではなく、飛行場や都市などの地上目標を対象に訓練を重ねてきたが、もはやそんな悠長なことは言っていられない。

本来、敵機動部隊の撃滅は海軍の任務であった。そこで海軍は四四年一〇月、マリアナ諸島に続いてフィリピン・レイテ島に来襲した米機動部隊に向けて、初の体当たり攻撃隊・神風特別攻撃隊を出撃させた。このことは、「身を捨て国を救う崇高極致の戦法」と国民に説明された（『朝日新聞』四四年一〇月二九日付）。
陸軍もこれに続き、内地で万朶《ばんだ》隊、富嶽《ふがく》隊と称する二つの特攻隊を編成し、決戦場フィリピンへ向かわせた。両隊とも目標は米軍の空母をはじめとする艦船である。この航空特攻は四五年八月一五日の終戦まで続く。

特攻と国民

敗戦後、特攻について二つの論争が長いあいだ続いた。一つは、特攻隊員は志願したのか、上から命令で強制されたのか、という議論である。もう一つは、特攻作戦は軍の中央部と現場の指揮官のどちらが主導的に実行したのか、である。

大西瀧治郎（朝日新聞社提供）

とくに海軍の神風隊については、フィリピンで作戦の指揮を取った海軍中将・大西瀧治郎の強いイニシアチブによって実行されたのであって、海軍中央はそれを消極的に追認したに過ぎない、と戦争を生き残った海軍中央部の軍人たちは唱えていた。当の大西は敗戦直後に特攻採用の責任を負って自決したので、もはや死人に口なしである。

一方で、特攻作戦に対する海軍中央部の積極的な関与説も唱えられていた。その証拠としてよく挙げられるのが、東京の軍令部で一九四四年一〇月一三日に起案され、同二六日にフィリピンの大西に発信された、次の有名な電文である。

神風《しんぷう》攻撃隊の発表は全軍の士気昂揚並に国民戦意の振作に至大の関係ある処《ところ》　各隊攻撃実施の都度《つど》　純忠の至誠に報い攻撃隊名（敷島《しきしま》隊、朝日《あさひ》隊等）をも併《あわ》せ適当の時期に発表のことに取計《とりはから》い度処《たきところ》　貴見至急承知致度《いたしたし》（防衛庁防衛研修所戦史室編『戦史叢書　海軍捷号作戦〈二〉フィリピン沖海戦』、傍点引用者）

「神風攻撃隊」の名を持つ体当たり部隊は、大西がフィリピンの現場で急遽作ったのではなく、大西が軍令部とその隊名に至るまでの綿密な打ち合わせをおこなったうえで実行されたのではないのか、というのである。

このように、従来の特攻論の多くは、軍中央部の責任の有無を重要視してきた。本書はそれが重要な問題であると認めたうえで、従来の特攻論とは異なる視点に立ってみたい。それは、特攻が軍内部の士気高揚のみならず、この電文にいう「国民戦意の振作」のためにもおこなわれた、という点である。つまり、特攻には国民世論対策の面もあったのだ。このことは、なぜ特攻が始められ、とめどもなく続けられたのかという問題に深くかかわる。

本書のねらい

以上述べてきたように、従来の特攻論は軍上層部の責任追及を重視したものが多く、「特攻と国民の関係」という視点が薄かったように思う。そこでこの本は、一般国民も含めた当時の日本人にとって特攻とは何だったのか、特攻の現実とはどのようなものだったのかを、二部構成で明らかにしていく。

第一部では、軍の立案した国民の士気高揚策を現場で実行させられたかたちの特攻隊員たちがどのような立場に置かれ、何を考えながら死んでいったのかを、特攻隊員の新出資料やその他の隊員の遺書・日記、これまであまり使われてこなかった各種の追悼録などからたどる。

特攻死した若者たちの遺書は多くの人の涙を誘うが、特攻作戦実施の背景には、ひたすら戦争を継続しようとする軍上層部の打算があった。このことは特攻を考えるうえで避けて通れない。

だが、大勢の若者が自ら命をなげうつことで、国を救おうとしたのもまた事実である。特攻隊員がすべて強制され、嫌々飛び立っていったとは考えない。本気で国を救おうとした人、強制されて死に追いやられた人、その中間の人、多種多様な人がいたと考える。

注意したいのは彼らの手紙や遺書が、戦争のどの段階で書かれたのかということである。有り体に言えば、特攻の開始当初と、敗戦直前の隊員の意識には、かなりの温度差が見られると考える。

第二部では、そのような特攻隊員を国民はどう見ていたのかを、同じくさまざまな人の日記などから跡づけていく。特攻が国民に飛行機を増産させるための軍の方策として開始されたのであれば、その国民が特攻をどう見ていたのか、期待していたのか、あるいは無関心だったのかを考えることも、特攻の現実を総体として知るためには必要だろう。

第一部　特攻隊員の現実

第一章　フィリピン戦の特攻隊員

1　特攻隊員の群像

退路を断たれる隊員たち

航空機による組織的な特攻作戦が開始されたのは一九四四年一〇月である。米軍は日本本土に迫るにあたり、フィリピンの奪回をめざした。フィリピン戦の皮切りとなったのは、レイテ島の戦いである。米軍はレイテ島の飛行場を奪い、フィリピン全土奪回の足がかりにしようとした。対する日本軍はレイテ島に大挙来襲した米軍艦船を特攻で撃破することにより、同島の死守と「一撃講和」への足がかりにしようとした。

そのころ国務大臣・緒方竹虎《おがたたけとら》の秘書官をしていた中村正吾《なかむらしようご》（朝日新聞記者）は、同年一〇月二三日の日記に、「陸海軍の情報を基礎とする政府最高筋の見解」として、「比島〔フィリピン〕攻撃を粉砕すれば、ルーズヴェルト大統領は来る選挙で落選するに違いない。落選したとしても勿論《もちろん》米国が対日戦争を持続することには変りないが、その戦争の様相は変って来ると思われる」、「ここ一週間のレエテ《ママ》戦況の発展は、今度の日米戦争の勝敗を決するものである」と書いている（中村『永田町一番地』）。この展望は結局のところ希望的観測以外のなにものでもなかったが、日本陸海軍にとってのフィリピン戦の位置づけをよく表している。

一〇月二〇日、第一航空艦隊司令長官としてフィリピン・ルソン島に赴任した大西瀧治郎は神風特別攻撃隊員に向かい、「皆は既に神である。神であるから欲望はないであろう。が、もしあるとすれば、それは自分の体当りが無駄ではなかったかどうか、それを知りたいことであろう。しかし皆は永い眠りにつくのであるから、残念ながら知ることも出来ないし、知らせることも出来ない。だが自分はこれを見届けて、必ず上聞に達する様にするから、そこは安心して行ってくれ」と訓示した（猪口力平・中島正『神風特別攻撃隊』）。

零戦搭乗員の角田《つのだ》和男《かずお》特務少尉は特攻ではなく、その直掩（護衛・戦果確認）任務を負っていたが、部下を特攻隊員に指名するように命ぜられるなど、気が重かった。しかし、大西はそんな角田に向かって「私の右手を両手でしっかり握り、喰い入る様にするどく見つめて『頼んだぞ』」といった。角田は「不平、不満、疑問も消し飛んでしまい、愈々《いよいよ》俺の最後だなと思」った（第二〇一海軍航空隊元隊員共著、中野忠二郎編『二〇一空戦記』）。

特攻隊員のなかには内心では死を恐れる者もいただろう。角田の回想は、日中明るくふるまいながらも、夜になると目をつぶるのが怖くて飛行服のままであぐらをかき、眼をぎらぎらさせていた特攻隊員たちの姿を描いている。

しかし、大西は特攻に成功すれば勲功が天皇によって認められ、国中で賞賛されると約束した。逆に失敗したり、逃げたりすれば、国中からの非難が本人と家族に浴びせられるだろう。絶対的な階級社会の軍隊で上官、それもはるか高位の将官に直接「頼んだぞ」といわれれば、逃げることはできない。つまり、大西は特攻隊員たちの退路をつぎつぎと断っていたのだ。

しかし、特攻は大西という眼光の鋭い特異な武人がいてはじめて可能だったものではない。他の海軍部隊や陸軍でも、同じように高位の将官が直接若者に語りかけて逃げ場さえ奪ってしまえば、特攻隊は編成できたからである。

特攻は日本独自の新兵器？

一九四四年一〇月二五日、海軍の神風特別攻撃隊が米軍護衛空母一隻を撃沈、六隻を損傷させる戦果を挙げた。陸軍もこれに続き、陸海軍特攻隊が大挙レイテ沖の敵艦船に突入したが、米軍の迎撃により、米軍の撃退という目的を果たすことはできなかった。

一一月七日、ルーズベルト大統領は史上初の四選を果たし、日本軍の期待は外れた。一二月末、クリスマスのころにはレイテ島日本軍守備隊の力が尽き、米軍の勝利は確実になった。

このフィリピンの戦いのあいだ、日本軍は特攻隊員と国民に向かい、特攻で敵の戦意を打ち砕き、そして勝つのだと叫んだ。陸軍大臣・元帥の杉山元《すぎやまはじめ》はレイテの敗北が確実となったころの一二月二七日、議会演説で「この秋に当り宿敵を撃滅しその戦意を破摧《はさい》するの途は正に特攻隊の体当り精神なりと存する」、「真に我特攻隊の体当りこそは三千年の光輝ある我国体の精華であり、一億憤激の凝結であり、皇軍にして始めてみらるる世界における最強にして唯一のものである」と述べた（「必勝の道は『一億特攻』陸海両相・戦況報告で闡明」『朝日新聞』一二月二八日付）。

米護衛空母に体当たりを試みる零戦（1944年10月25日）

杉山は、特攻を日本独自の、外国にはない〝新兵器〟であるかのように主張している。こうした発言は現下の劣勢を巻き返すには「世界最強」の新兵器を編み出して使うしかないという、サイパン陥落のあたりから軍内部で唱えられた主張のくりかえしであるが、国民の抱く〝新兵器〟待望論に迎合するかたちで出てきたものともいえる。杉山が大西瀧治郎などと同様、国民の戦意の行方にきわめて敏感であったことがわかる。

重要なのは、杉山の演説が、開戦以来の米兵の犠牲は「大東亜戦争に関するもののみにても実に五十万三千に達し」、敵米国は「人的消耗の莫大なるに内心大いに苦慮しつつある」と強調していたことである。この数は、第二次大戦全体を通じての米軍の戦死者四一万人を大きく超える。

このように体当たりで多くの敵を殺し、その戦意をそぐという軍上層部の考え方を特攻隊員たちも受け入れ、出撃していった。陸軍航空士官学校（航士）五七期、特攻隊・殉義隊員として四四年一二月一二日、レイテに出撃戦死した陸軍少尉・若杉是俊《わかすぎこれとし》は、「決死隊」を志願した同年一〇月二一日の日記に「戦の決は武力に非《あら》ずして魂胆なり。敵をして『如何《いか》なる物量を以てするも、皇軍は、従って神州皇土は侵《おか》し難《がた》し。否《いな》絶対永久に侵犯し得ず』と思悟《しご》せしむることこそ、戦勝最大の鍵たり」と書いている（木村栄作編『天と海 常陸教導飛行師団特攻記録』）。

これは、日本人が体当たりというかたちで無限の魂の力を示せば、物量に頼る敵米国は必ず恐れ入り、戦に勝つことができるはずだという、軍人としての信念の表明である。

とはいえ、特攻隊将校の多くは二〇歳をわずか一、二歳越えたばかりの若者たちである。航士五六期、殉義隊隊長として四四年一二月二一日フィリピン・ミンドロ島沖で戦死した陸軍中尉・敦賀《つるが》真二《しんじ》は、若杉と同じく航空士官学校出のいわば陸軍本流の飛行将校で、気性の烈《はげ》しい人だった。しかし最後に遺していったのは「私は常に大空とともに生きている。／神秘な宇宙、澄みきった秋の空。／じっと空を見つめる。／青空、白雲／そこに、私は微笑んでいる」と、過酷な現実から逃れんとするかのような「訣別《けつべつ》の詩」であった（喜田泰臣『陸軍特別攻撃隊 殉義隊隊長敦賀真二』）。

同じ士官学校出身の将校でも、特攻に対する考え方は多様であった。上官の説く特攻や「七生報国《しちしょうほうこく》」の建前に疑問を持ちながら、それでも出撃していった人もいた。戦争を生き延びた飛行将校・花谷成功の回想によれば、一一月二七日、レイテ湾で特攻戦死した同期生の森本秀郎は一一月二五日、マニラで「幼年校以来六年半訓練を重ねしは、単に只一艦を沈めるのみに非ず。幾度も出撃して戦いたし」と語ったという（陸士五七期航空誌編集委員会編『陸士五七期航空誌 分科編』）。

花谷はこれを「正に楠公《なんこう》の七生報国の精神であった」と讃えるが、森本の真意は生きて何度でも戦いたいというものであり、一度きりで終わってしまう特攻には反対であったようだ。実際には、内心無念を抱えながら突入していったのではないか。

故郷へ最後の手紙を書く石腸隊隊員（1944年11月１日、毎日新聞社提供）

ただし、森本が「七生報国」の信念それ自体を信奉していなかったわけではない。花谷は「愛機の翼の下で、無心に神皇正統記《じんのうしょうとうき》を読む彼の姿が今でも瞼《まぶた》に浮かぶ」と書いているからだ。神皇正統記は南朝の忠臣・楠木正成の「七生報国」精神を讃えた書である。天皇への限りない忠誠を特攻への起爆材料にして死地へ向かった人もいた。

親や自分のための特攻

特攻隊員の出撃の背景には、天皇以外にも多様な考え方や事情があった。神風特別攻撃隊・第一九金剛隊員として一九四五年一月六日戦死した海軍中尉・富澤幸光《とみざわゆきみつ》（二三歳、北海道第二師範学校、一三期飛行予備学生）は四四年末から四五年一月にかけてのある日、「敵がすぐ前に来ました。私がやらなければ、父様、母様が死んでしまう、否日本国が大変なことになる。幸光は誰にも負けずきっとやります」と書いている。

あるいは、自らの死と引き替えに、遺された親がよい処遇をうけるという希望を持つ人もいた。

神風特別攻撃隊・旭日隊隊員として四五年一月六日に戦死した海軍中尉・吹野匡《ふきのただす》(二六歳、京大、一三期飛行予備学生)は四四年一二月三一日、「皇国三千年の歴史を考うる時、小さな個人、或《あるい》は一家のことなど問題ではありません。我々若人の力で神洲の栄光を護り抜いた時、皇恩の広大は小さな一家の幸福をも決して見逃しにはしないと確信します」と書いている(白鷗遺族会編『増補版 雲ながるる果てに』)。これは、自分が天皇のために死ねば親は天皇から必ずよい処遇を与えられ、決して生活に困ることはないはずだ、という「確信」である。それを心の支えとして出撃した人もいた。

天皇への献身に死の意味を見いだした特攻隊員は他にもいる。

陸軍特攻隊・石腸《せきちょう》隊隊員の林甲子郎少尉(陸士五七期)は、千葉県銚子《ちょうし》で訓練を受けていた時の旅館の女将に宛てた手紙で、自分の血で染めた日の丸を遺品として送る、「同じ血もて敵艦に轟炸《ごうさく》ふりそそぎて迷える米鬼を皇化の徳に覚醒せしめんと存じます」と書いている(井樋典弘編『石腸隊拾遺』)。自分の血潮を敵艦に降り注がせ、米兵を天皇の徳に従わせたいという。日本は世界に冠たる天皇中心の神の国という国体意識が、特攻隊員が自らを鼓舞するにあたってのよすがになっている。彼らにとって、天皇への献身はただの空疎な建前ではない。

特攻死に際しての心の支えには、自らの功績が世間に認められることへの期待もあった。特攻隊員となりながらも生き延びた陸軍将校の足立信之は、四五年一月一二日、フィリピンでの出撃前夜のことを次のように回想している。

飛行団長より二〇年一月一二日全機特攻となりリンガエン湾の敵艦船突入の命を受けた。二機が特攻、二機が直援機となり、次は一機特攻、一機直援であった。私が直援隊長となった。前夜皆と話し合った。私が「どうせ死ぬのだから四人共一緒に突っ込もう」と言ったら他の三人が凄い勢いで怒り出した。「戦果は誰が確認してくれるのだ。それでは犬死になる」と。明日死ねと言われて遺書を書く者もなく身辺の整理もしなかった。（陸士五七期航空誌編集委員会編『陸士五七期航空誌 分科編』）

特攻では、体当たり機には直掩の戦闘機がついて、戦果を確認することになっていた。戦果が不明だと以後の作戦が立てられないからである。遺書も書かないほど絶望的な気分に浸っていたはずの他の三人が全員突入の提案に怒ったのは、戦果が確認されないのでは自分たちの犠牲が讃えられず、まったくの「犬死」になってしまうと考えたからである。

足立たちは一二日、予定通り四人で出撃したが、悪天候と高射砲の爆風に煽られてバラバラになってしまった。ほかの三人は帰ってこなかった。

フィリピン戦敗退後の作戦構想

足立らが同時に死ぬかどうかをめぐって言い合っていたころ、東京では、フィリピンの戦いは絶望的と判断され、次期の作戦構想が話し合われていた。陸軍参謀総長・梅津《うめづ》美治《よしじ》郎《ろう》と海軍軍令部総長・及川古志郎《おいかわこしろう》は一九四五年一月一九日、共同で昭和天皇に上奏をおこない、「特に機会を求めて敵艦船の覆滅に依り敵に甚大なる損害特に人的損耗を与え所謂《いわゆる》出血作戦を強要し敵の 戦意を撃摧《げきさい》せねばならぬと存じます」と述べていた（防衛庁防衛研修所戦史室編『戦史叢書 大本営海軍部・連合艦隊〈七〉戦争最終期』）。

ここで陸海軍統帥部が提案し、天皇が了承したのは、米艦船を「覆滅」して多くの人命を奪い、米軍の戦意を奪うという作戦方針である。彼らの立てた理屈では、敵の米国の弱点は逼迫する人的資源（労働力）と「人命愛惜《あいせき》の特色」である、よってこの敵の弱点に乗じて「各種の手段を併用し敵に甚大なる損耗を強要」し、「敵の戦意を挫折せしむることが必要」だ、と考えられていた（逆に言えば、日本軍は人命を「愛惜」しないと自認していたわけである）。

その「各種の手段」の一つが、まさしく特攻であった。

この作戦方針には、特攻の目的についての微妙な、しかし決定的な変化がみられる。すなわち、特攻の目標が敵の空母からその人命へと移っているのである。特攻による敵空母撃破には失敗したが、かわりに大勢の米兵を乗船ごと沈めて命を奪い、人命重視という米側の弱点を突けば音《ね》を上げて和平に応じてくれるかもしれない。このような説得材料さえあれば、戦争は続けられる。その舞台となったのが沖縄であった。

軍上層部は特攻の効果をどう考えていたか

軍の指導者たちは、ほんとうは特攻の効果があがっていないのを知りながらも、無能無策ゆえ隊員に出撃を強要しつづけたというイメージがある。ほんとうのところはどうだったのだろう。この疑問に答えてくれる興味深い史料がある。

海軍の長老である大将・岡田《おかだ》啓介《けいすけ》は、一九四五年二月三日、面会に来た海軍少将・高木《たかぎ》惣吉《そうきち》に対し、「及川のその意見は余りに楽観にすぎはせぬか。／特攻兵器二五〇位で、仮《か》りに敵機動部隊に取付いたとして、全部が全部命中したとしても、左様《さよう》楽観出来るだろうか。又途中の消耗もあるし、発進してから先も相当差引かねばならぬものも出る。／月産二〇〇位の力で、菲島〔フィリピン〕から『サイパン』迄《まで》盛り返すというのは、少し夢に近い話ではないか」と語った（伊藤隆編『高木惣吉 日記と情報（下）』）。

この発言によれば、日本海軍の作戦部トップの地位にあった及川は、特攻により米軍を押し戻せると本気で考えていたようだ。引用文中の「月産二〇〇」というのは、当時の海軍の主力戦闘機・零式戦闘機がそれぐらいだったから、海軍の航空特攻に関する意見とみてよかろう。

つまり、海軍作戦部のトップは、フィリピンの確保が絶望的になってもなお、特攻で米軍をサイパンまで押し戻せると本気で考えており、それはいくらなんでも甘くないかと先輩から疑念を呈されていたことになる。

また、時期は若干遡るが、海軍次官の井上成美《いのうえしげよし》中将は四四年一〇月五日、緒方国務大臣の秘書官・中村正吾に、最近米国がブーゲンビル島で無人飛行機を使っているという情報を得て「しめたと感じた……米国はそれだけ人的資源の損耗を憂慮しているためだと解釈出来る」と語った（中村『永田町一番地』）。井上は海軍きっての良識派、親英米派とされるが、その彼ですら、「人的資源」が米国の弱点であるからそこを突けば勝てるはず、という甘い思考法にとらわれていたのである。

2 「現世へのきずなを断つ」ための死――万朶隊員・石渡俊行

散逸した手紙

二〇一九年四月、ある陸軍特攻隊員の遺した手紙や写真、書類群がネットオークションに出品された。出品者が数回に分けて、しかも一点ずつ出品した（そのほうが高値で売れる）ため、私が気づいたときには複数の手紙類がすでに売れてしまっていた。残りの大部分はこちらが落札した。歴史史料は一ヵ所にまとまって残っていてこそ意味があるが、たぶんすべてが揃うことは二度とないだろう。これを散逸《さんいつ》と呼ぶ。

これが二〇一九年、令和の時代の特攻をめぐる現実であるが、せっかく残った遺品である。これらを読みときながら、特攻の現実の一端に迫ってみたい。

手紙や写真を遺したのは、陸軍初の特攻隊員・万朶隊の石渡俊行《いしわたとしゆき》軍曹である。

石渡は一九二四（大正一三）年三月三日（一部資料では二日）、千葉県に生まれた。一九四一年一一月、逓信省《ていしんしょう》の仙台地方航空機乗員養成所を第九期操縦生として卒業後、陸軍に入隊した。四四年、茨城県の鉾田《ほこた》教導飛行師団で編成された特攻隊・万朶隊員として一一月一五日に出撃戦死、同時に陸軍少尉に進級している。

万朶隊は石渡ら一六名の空中勤務者と、一三名の整備員からなる。乗機は九九式双発軽爆撃機である。鉾田で隊員の氏名が発表されたのは一〇月二一日、翌二二日朝には鉾田を出発している。きわめて慌ただしい動きである。

万朶隊員は志願ではなく指名であった。陸軍航空特攻の基本文献の一つである生田惇《いくたまこと》『陸軍航空特別攻撃隊史』は、「志願者を募れば、全員が志願するであろう。指名されればそれでよろしい」というのが幹部たちの意見であり、「人柱《ひとばしら》的な必死の攻撃であるから、要員は必ずしも高い練度は必要なく、いわゆる係累の少ない青年を選ぶという考え方が基本であった」と説明する。

だが、体当たりには高い飛行技量を要することを、選定に当たった鉾田の幹部たちも、航空士官学校五五期生、元陸軍大尉の生田もよく知っていたはずである。「人柱」という言葉は、特攻が純軍事的効果と同時に、国民向けの宣伝効果を狙っていたことを期せずして暗示する。

さらにいえば、万朶隊は将校こそ五名中四名が航空士官学校出身だが、下士官は民間の仙台乗員養成所出身者が多い。石渡軍曹、鵜沢邦夫《うざわくにお》軍曹（仙台九期）、奥原英孝《おくはらひでたか》伍長（同一〇期）、近藤行雄《こんどうゆきお》伍長（同同）、佐々木友次《ささきともじ》伍長（同一一期）である。この点には、死ぬに決

整列する万朶隊（前列右から４人目が石渡）

まった体当たり任務を、傍流の民間出身者に負わせようとする意図を感じなくもない。

このうち佐々木伍長は、九回もの特攻出撃から生還し、過酷な戦争を生き抜いた人として、高木俊朗《たかぎとしろう》『陸軍特別攻撃隊』（初刊一九七四、七五年）や鴻上尚史《こうかみしょうじ》『不死身の特攻兵』（講談社現代新書、二〇一七年）などの著作にとりあげられて著名である。

石渡の航空履歴

私の手元にある石渡の遺品のなかに、仙台地方航空機乗員養成所が一九四二年二月一〇日付で発行した航空履歴証明書がある。これによれば、四一年四月二一日に仙台地方航空機乗員養成所に入所、四二年三月二〇日に同養成所修業の予定であった。飛行訓練に使ったのは九五式三型練習機、九五式一型練習機という陸軍の練習機である。

石渡が飛行訓練を受けた仙台養成所は、逓信省航空局が一九三八年六月、民間の飛行士養成のために米子《よなご》養成所とともに設立した施設である。当時の日本では航空と戦争はきわめて密接なつながりを持っていた。先の証明書が示す通り、訓練に使われたのは陸軍の練習機であり、服装や教育内容も軍隊式であった。有事の際には養成した乗員を軍に召集して戦争に使うためである。

石渡は、必ずしも軍人になろうと思ったわけではなく、平和な空を飛びたいと思って養成所入りしたのだろう。しかし彼が養成所を卒業した時にはすでに対米英戦争が始まっていた。そのまま陸軍に下士官として召集されたのである。

荷物に入れられていた遺書

石渡が万朶隊員に選ばれた時は、茨城県の鉾田陸軍教導飛行師団で艦船攻撃の訓練中であった。万朶隊員の選抜は志願制ではなく指名（命令）であったとされる。特攻に反対でありながら隊長に指名された岩本益臣《いわもとますみ》大尉は鉾田離陸後、飛行場上空を規定とは逆方向に旋回して自宅の上を低空で飛行、翼を二、三回振って別れを告げ、中継地点の立川《たちかわ》飛行場（東京都）へ向かったという（伊藤純郎『特攻隊の〈故郷〉』）。地上では口にできなかった憤懣《ふんまん》や抗議の表明といえよう。

石渡の両親あて遺書が残っている。決して上等とは言えない紙に鉛筆で書かれており、軍が書かせたものではなく、私的に書いたとみられる。入っていた封筒には父親の字で「昭和十九年十月二十二日内地（鉾田飛行場）出発に方《あた》り其の前夜誌《したため》たるものと察せらる（遺品）私物中に挿入しありたるものなり　俊行　遺書」とある。

私明朝を期し○○方面出撃に向います／大君の御為《おんため》に豊葦原《とよあしはら》の御国《みくに》に一死以て報ゆるの所と時を得ました事は誠に嬉しく思います／胸中何物も有る無し／唯かすかにひびくは大古此《こ》の方《かた》伝わる大和魂の力強い脈動のみであります／永い間不幸を重ねました今やっと海山の御恩の万一に報ゆる秋《とき》が来たように思います／弘子、英行共に元気に強く優しくそして建康なる日本人に成長して呉《く》れ、そして我が果《はたさ》ざりし分までも親孝行を頼む／恵子よ、蕾《つぼみ》のままに散れる不幸なる恵子の魂よ望わくば我を護《まも》れ／上には細部御通報頼みます／明日は上空通過には機上より遥《はる》かに決別致します／大原の御爺さん御婆さんには益々《ますます》御健《おすこ》やかならん事を衷心より祈《ママ》します／今丁度十一時　戦友は

早明日の初陣を前にして安らかな眠りに入らんとして居ます／では元気で征《ゆ》きます
父母上様　呉々も不要の御心労無く長寿全うせられん事を祈ります／では
出陣の前夜　　　　　　　　　　　　　　　　　　　　　　　　　俊行
御両親様
遺髪はタンスの引出中に有ります

高木俊朗『陸軍特別攻撃隊　一』は、鉾田出発時点での万朶隊員のうち下士官のほとんどは自分が体当たり攻撃要員であるとは知らず、途中でそれを聞かされて激しく動揺したと述べている。だが、この石渡の遺書を読むと、断定こそできないものの、自分が十死零生の体当たり要員であることを知っていたように思える。

一つ明確なのは、特攻開始時の陸軍が、戦地へ向かう特攻隊員に思いの丈を記した遺書を書かせ、それを遺族に渡そうとはしなかったことである。それでも石渡は「大君の御為に豊葦原の御国に一死以て報ゆる」ことに死にがいを見いだしていた。明治以来の忠君愛国教育の結果であり、形式的といえばそれまでだが、空虚なイデオロギーに過ぎぬと切り捨てることはできない。それはかつての日本人が命を賭ける、せめてものよすがとした考え方であるからだ。

「荷物を取りに来て下さい」

鉾田出発時の石渡が、自分は特攻要員であると知っていたと思われるのは、出発の直前、遺書とは別に父親へ送った二枚の葉書（消印・昭和一九年一〇月二三日）で、自分の出発後に私物を鉾田まで取りに来るよう頼んでいるからでもある。その葉書には（四四）の一、二という、息子からの軍事郵便に父親がつけた通し番号がつけられている。父親が息子の手紙を大切に保管していた様子がうかがえる。

この二枚の葉書は、それまでの手紙とは異なり、どちらもきわめて大きな字で書かれている。一枚目に「前略　いよいよ待望の期来る　大いに張り切り居りますから御安心下さい　私の私物を隊に残し置きます故　成る可《なべ》く早く隊に取りに来て下さい　今津隊渡辺伍長に保管を頼みありますす故に面会を申し出て」と、続いて二枚目に「受取って下さい　追々寒くなります故呉々も御身大切に　では」とある。

葉書一枚に収まる話を二枚にわたって書いたこの文字面には、何か尋常ではない決意や覚悟、あるいは動揺のようなものがにじむ。石渡には、何か肉親に聞いてほしいことがあったのではないだろうか。

父親は石渡の鉾田出発後の一九四四年一〇月二六日、葉書で頼まれたとおり鉾田へ私物

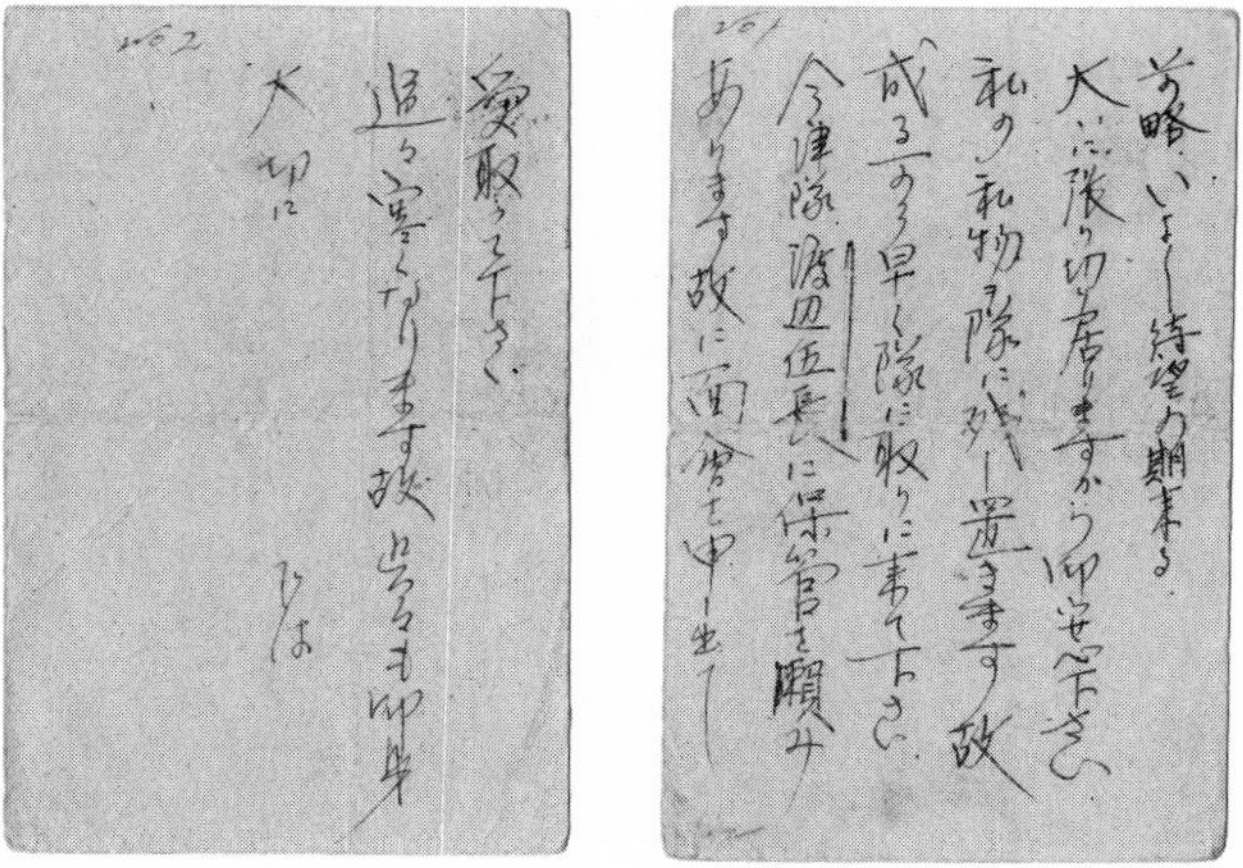

石渡の父親宛葉書

の受け取りに行き、出撃時の様子を同僚に聞いた際のメモがある。入っていた封筒には「昭和十九年十月二一日　俊行出陣に方《あた》りて書遺したるもの」とある。

このメモには、「昭和十九年十月二十日突如鉾田飛行部隊に動員令下る／時恰《ときあたか》も敵米ヒリッピン『レテイ《ママ》』湾攻撃集中……此の陸上敵部隊撃滅を二四日を期して総攻撃の目的で之の急を告げる動員に応じ二二日早朝現地に向け双発軽爆機（電《〔雷か〕》撃機）に搭乗出動したるもので翌日二三日夕刻には既に現地到達の筈《はず》にして翌日二四日の同方面の有史未曾有《みぞう》の大戦果（大本営発表）の一翼を担えるものと信ず」とある。

父親はわざわざ鉾田まで行きながら、息子に会って本音を聞くこともできず、何らかの重大任務で慌ただしくフィリピンに向かった、という程度の情報しか得られなかったようである。これが石渡父子にとっての特攻の現実である。

不思議な手紙

万朶隊員はフィリピンの前線で、第四航空軍司令官・富永恭次《とみながきようじ》中将から親しく激励を受けた。この点は、海軍の大西瀧治郎中将と同じである。

石渡が前線のフィリピンとおぼしき場所から父親に送った封緘葉書《ふうかんはがき》（今日でいう郵便書簡。封筒兼用の便箋）もある。残念ながら消印は判読不能で、いつの日時で書かれたものかはわからない。

前略　不意に出て参りましたのでさぞかし御驚きの事と思います／今は我等が宿舎に当てられましたホテルの豪華なホールで此《こ》の手紙を書いて居ります／気候は此の辺で一番良いそうで軽井沢の次と云われる所　風光明媚実に王侯の生活ですと云いながら最前線　アメチャンちょくちょくとやって来ます／我等一同大張り切り必ず御期待にそいます様頑張ります／バナ、　木瓜《もつか》〔パパイア〕　ヤシ　其の他南方果実は珍らしくも食い過ぎる位です／甘いものは見るも嫌です／私一度召されて来ましたからは必ず

富永軍司令官に酒をつがれる石渡

必ず不覚は取りません／其の事につきましては呉々も御心配無き様御願い致します／内地ではさぞかし御寒い事でしょう／呉々も御身大切に
　比島派遣真部隊万朶部隊　石渡俊行

　これを書いた時点の石渡は、自分が体当たり要員であることをまちがいなく知っていたはずだ。それは「必ず必ず不覚は取りません」という一文からわかる。彼は戦場で「不覚」をとって捕虜になるなどした将兵の家族が、いかに周囲から卑怯者《ひきようもの》として白眼視されるかを知っていたのだ。

　この手紙はじつに奇妙である。という

のは、最前線で書かれたにもかかわらず、封筒の裏面に石渡本人の字で「茨城県鉾田町岩間アパート　吉川中尉」と書いてあるからだ。「吉川中尉」は偽名とみてよかろう。

つまりこの手紙は、石渡が軍の検閲を免れようと偽名を使って書き、現地で誰かにこの手紙を託し、内地へ持ち帰られて投函されたとしか考えられない。だが、なぜそのようなことをしたのだろう。軍の検閲にひっかかるようなことは書いていないし、そもそも当時の追い詰められた戦況で手紙が確実に親元へ届くと思っていたのだろうか。手紙にはあらかじめ親子で打ち合わせておいた、何かの暗号でも仕込んであるのだろうか。

特攻、あるいは戦争には、こうした永遠に解かれることのない謎があまたある。

石渡の戦死

一九四四年一〇月二六日、フィリピン・リパに進出した万朶隊は、その後不幸な運命をたどる。一一月五日、隊長の岩本大尉をはじめとする将校全員が、飛行機での移動中に米戦闘機に撃墜され、出撃することなく戦死してしまった。残ったのは下士官だけである。

万朶隊は一一月一二日にレイテ湾へ初出撃した。田中逸夫《たなかいつお》曹長、生田留夫《いくたとめお》曹長、久保昌《くぼまさ》昭《あき》軍曹の三名が戦死、佐々木友次伍長が生還した。この攻撃に石渡は参加していない。

同月一五日午前四時、残った隊員のなかで最先任の石渡は、四機からなる編隊の指揮をとり、マニラ東方二〇〇カイリ付近を行動中の米機動部隊の空母群をめざして特攻出撃することになった。高木俊朗『陸軍特別攻撃隊 二』は、この出撃の際の石渡について「顔は、うすぐらい椰子油《やしゆ》の光のなかでも、堅くこわばっているのがわかった。声もふるえて、時々かすれて聞きとりにくかった」と、ひどく動揺していたように描写している。

万朶隊は、戦闘機部隊の飛行第二〇戦隊に配属されていた。同戦隊長の村岡英夫《むらおかひでお》少佐は、この出撃の状況について、次のように回想している。

> 夜空は暗く、雲は低い。このような悪天候下で、夜間の編隊空中集合が可能か、私は不安だった。不幸にして私の杞憂は的中した。万朶隊機の空中集合はうまくゆかず、近藤機は、マニラ近郊のニルソン飛行場近くで自爆、石渡軍曹機は雲中に入り、単機目標に向って航進したものと思われた。僚機の奥原・佐々木両伍長機は、編隊長機を見失しない、カロカン飛行場に帰還した。ベテラン揃いの掩護戦闘機も全機着陸してしまった。（礒部巌〈防衛研修所戦史部所員〉「ある特攻隊員の話」）

石渡は僚機を置き去りにして飛び去ったまま、二度と還ることはなかった。なぜそのようなことをしたのだろうか。村岡は石渡の胸中を「この日の出撃は、彼にとって、特攻隊員としての精神的な重荷と、現世へのきずなを断つ、千載一遇のチャンスだったのではなかろうか」と推測し、死の重圧をまぬがれるための覚悟の死とみている。

村岡の推測が正しいのかは誰にもわからないが、当時の空気を肌で知っている者の証言として尊重すべきであろう。遺書に決然たる覚悟を示していた石渡と、出撃直前の石渡は、まるで別人のようにみえる。一度きりの体当たりを成功させねばならないという重圧、あるいは死への恐怖が、彼の精神を押しつぶしてしまったのであろうか。石渡の最期は、特攻の現実に他ならない。

賛美される石渡

石渡の無惨な最期を、父親はじめ内地の人びとは知るよしもない。隊の初出撃で敵戦艦・輸送船各一隻を撃沈する〝大戦果〟を挙げたとされ、画家・宮本三郎《みやもとさぶろう》の有名な戦争絵画「万朶隊比島沖に奮戦す」にも描かれた田中曹長以下の隊員ほどではないが、彼の死もまた内地の報道で賛美された。

一九四四年一二月八日の大本営発表で、石渡は同月五日、レイテ湾に突入して戦艦もしくは大型巡洋艦一隻を大破炎上させたと報道された（『朝日新聞』一二月九日付）。なぜか石渡の乗機に「不死身の特攻兵」こと佐々木伍長が同乗、共に戦死したことになっている。同紙は佐々木が三度目の出撃でようやく体当たりを成功させた、「上空にあって同機の敢闘状況を確認していた直掩機《ちょくえんき》は伍長の烈しい攻撃精神をはっきりと心に受け止めていた」と、見てきたように解説している。

これは万朶隊の初出撃で見事戦死したという報道を本人の生還によりやむなく取り消した経緯があるためで、石渡は報道ミスの帳尻合わせに使われた感がある。この支離滅裂としかいいようのない報道発表は、特攻の持つ宣伝的側面を浮き彫りにするともいえる。

毎日新聞が石渡の親から借りた石渡の遺影・遺書を返却した際の礼状(一二月八日付)が残っている。「お写真は遺書と共に千葉版に使用させて戴きました」とあるとおり、石渡の遺書は一二月一〇日の『毎日新聞 千葉版』に掲載された。

「燦《さん》・神鷲《かみわし》の武勲 鉄心・一宇・万朶各隊に郷土の勇士」と題するその記事は、石渡が「一二月五日敵戦艦一隻を大破炎上せしめレイテ湾に護国の華と散った」と報じ、あわせて前出の遺書の一部と母の談話を載せている。母は「この秋前線に行く時隊長となって送別飛行をやりましたがその時皆一列になってついて来いといって超低空飛行をやり、相模川の鉄橋の下を橋梁《きょうりょう》すれすれで通って戦友を驚かせ、上官から戦地に行ってそんな芸当をやってくれるなとお小言をいわれたことがありました」と息子の思い出を語っている。ほんとうにそんなことができたのかと思うが、彼女にとってはかけがえのない息子の大切な武勇伝、すなわち現実である。

重要なのは、『朝日新聞 千葉版』が記事に「壮烈・郷土の三神鷲 今こそつづけ生産体当り」との見出しを付け、「銃後生産戦に必殺体当りの県民はこの崇高無比な特攻精神に続き、今ぞ郷土の神鷲に続かんといよいよ必勝撃敵滅の闘魂に焔《ほのお》と燃えている」と、石渡を「神鷲」（特攻隊員の尊称）、郷土の英雄と祭り上げ、飛行機や食糧増産宣伝の一翼を担わせていた点である。特攻作戦が国民の戦意高揚を目的として進められていたことがわかる。

石渡の少尉昇進

特攻隊員は死後、二階級特進したといわれることが多いが、それは士官の話である。石渡は死後、軍曹から曹長→准尉→少尉へと三階級も進められている。陸海軍は「必死の特別攻撃に従事し戦死」した者のうち、下士官は少尉（海軍は特務士官たる少尉）に、兵は准士官に一律進級させると一九四四年一一月二九日付の勅令により決めていた（『朝日新聞』一一月二九日付）。石渡の特進はこの措置にもとづいている。

下士官と士官とでは身分も名誉も、遺族に与えられる恩給や特別賜金などの額も違う。救国の偉業に報いる措置といえば聞こえはいいが、何か好待遇で体当たりの志願者を増やしたいという作戦推進者側の打算を感じる。

じつは、当時の日本では、体当たりという誰しもやりたくない〝仕事〟の担い手を募るにあたり、物を与えればよかろうという意見が公然と唱えられていた。

時代小説『鞍馬天狗《くらまてんぐ》』などで有名な作家の大佛次郎《おさらぎじろう》は四四年九月一四日の日記に、次のように書いている。

議会の予算委員会で海軍少将出の代議士（松永《まつなが》〈寿雄《ひさお》〉）の質問、鞍山《あんざん》に百機来て三機きり落せぬようでは困るから体あたりを奨励しこれに対し救国章と云うようなものを与える考なきや。これに対し佐藤賢了《さとうけんりょう》怒り作戦に口を入れるは統帥権干犯《とうすいけんかんぱん》なりとし代議士連また怒って怒号す。（大佛『終戦日記』）

「鞍山」は満洲の地名で、日本の製鉄所があるため、中国奥地から飛来する米軍のB—29爆撃機の空襲を受けていた。松永議員が軍に要求しているのは、戦闘機による空対空体当たり攻撃の実施と、その代償としての褒章の制定である。要は航空兵に褒美を与えるかわりに体当たりをさせよ、といっているのである。

引用文中の佐藤賢了は陸軍省軍務局長で、すでに首相の座を追われていた東條英機《とうじょうひでき》の側近だった。その彼が怒ったのは、非人道的な体当たり攻撃に反対だったとか、軍人を物で釣るのは侮辱であると考えたからではなく、軍の無策ぶりを部外者に糾弾されたと感じたからである。とはいえ、軍としても国民の手前、（目標が飛行機であれ艦船であれ）体当たり攻撃を急がねばと考えただろう。特攻作戦はこのような軍と国民の引き起こしたドタバタ劇のなかで推進され、石渡たちはその犠牲として死んでいった。

ちなみに、有名作家である大佛のもとには、新聞記者などから秘密の戦況情報が入ってきていた。敗戦直前の四五年八月五日の日記には、次のような興味深い一節がある。

特攻隊で二階級進級上聞に達した佐々木曹長というのは爆弾を落した後不時着しルソンで生きていた。しかしこれは上聞にまで達したことで自爆したことに成っており、帰還の望みなく部隊の残飯給与を受けて生きている。一旦死んだ男なのでこれを使う（二度死ぬ機会を与える）ことはどの司令官も出来ぬ……死者なのである。戸籍もない。劇になるシチュエーションであるが気の毒である。（大佛『終戦日記』）

「佐々木曹長」は特攻でくりかえし生還した佐々木友次伍長である。多くの将兵が突入する一方、名誉の特攻に生き残ってしまい、飼い殺しにされた者もいたという特攻の現実は、リアルタイムで内地の国民にまで伝わっていた。

3　死の日常化のなかでの志願――富嶽隊員・石川廣

「近く某隊に転出しそうです」

石川廣《いしかわひろし》中尉は一九二二(大正一一)年四月五日大阪生まれ、陸軍航空士官学校卒の将校である。万朶隊とほぼ同時に静岡県の浜松教導飛行師団で編成された特攻隊・富嶽隊員として、四四年一二月一六日、フィリピン・ミンドロ島南方洋上で戦死した。

富嶽隊は隊長の西尾常三郎《にしおつねさぶろう》少佐以下総勢二六名、乗機は大型の四式重爆撃機である。操縦者は志願だが、整備・機上機関要員の大部は一〇月二四日、「特別任務要員」と称して南方派遣を命じられた(生田惇『陸軍航空特別攻撃隊史』)。つまり、自分が特攻要員とは知らなかった人もいたわけである。

石川中尉(戦死後少佐)の手紙類とアルバムが私の手元にある。こちらは古書店からの購入である。

石川が浜松在隊時、父に送った葉書がある。消印は昭和一九年の個所のみ判読可能だが、差出人に「石川少尉」とあるので、書かれた日時はある程度わかる。石川ら航空士官学校五六期生が中尉に一斉昇任したのは四四年八月一日であり、一期下の五七期生が少尉に任官して各部隊に配属されたのが七月一日である（遠藤彰『雲の塔』）ことから、この手紙は七月中に書かれたと推定される。

拝啓　永らく御無沙汰しました　空輪は大難事でした　石垣島《いしがきじま》に命からがら不時着したりして辛《かろう》じて命ありて帰浜したのが四月二日、然《しか》し十名の犠牲を出しました　同期生を一人無〔亡〕くしました　帰浜後は特命検閲で何の暇もありません　五十七期入校し押しかけられて困って居ます　近く某隊に転出しそうです　愉快此《こ》の上なし　二階級特進ものです　大いに頑張ります／時局柄編成の話あらば御奨《おすす》め下さい　目下週番士官赤襷《あかだすき》で張切って居ます　では皆様御元気で　さようなら

「近く某隊に転出しそう」「二階級特進もの」の個所は、すでに水面下で準備が進められていた体当たり攻撃に加わる決意の表れと解釈できる。この七月、浜松教導飛行師団へ特攻隊編成の内示が出ていた。「編成の話あらば御奨め下さい」の個所は、前後の文脈からみて自らの縁談を進めてくれるよう親に頼んでいる（「編成」は結婚を指す軍隊用語か）。親

を安心させようとするせめてもの心配りなのか、あるいは生を希求する潜在意識の表れなのか。

艦船攻撃を志願

浜松で石川が熱心に、死者を出すほど熱心に訓練していたのが対艦船攻撃である。陸軍の飛行機は敵の飛行場や地上陣地、あるいは都市が目標だったが、対米戦の緊迫していたこの時期には、来襲する敵の艦船が目標であった。石川は血書をしたため、浜松飛行学校長に対艦雷撃への参加を志願したという。戦後の一九六九年に陸軍士官学校の五六期生たちが編纂した追悼録は、この血書（私の手元にはない）を特攻志願とするが、内容から見て通常の魚雷による艦船攻撃であろう。

皇国存亡の秋《とき》、当校において雷撃研究実施の挙ある由承り、わが重爆隊のため喜びに堪えず。／幼年学校以来、ただ、今日、この挙あるを期し、男児一身の投ずるところと神明に誓い、同期生一同に期する所有之《これあり》、これは、大東亜現防勢下に一大活躍を展開すべく、これが実行は、一に五十六期の双肩に在りと確信致し候／私若輩、愚鈍には候えども、願わくば、これが末席に加えられたく、ただ、身命の一切を捧げ、粉骨砕骨、何らかの御奉公致し度く、五十六期の名において願上候／至誠通天、男一匹を生かされ度く願上候／過日、端座《たんざ》熟慮致せしも、血気に走り、無礼の挙なれば、何なりと処断承り度く右御願いまで。（陸士第五十六期同期生会編『礎』）

いささか大仰《おおぎょう》な芝居っ気のようなものも感じるが、まだ二十一、二歳の若者である。幼年学校、航空士官学校出身という陸軍軍人としての本流意識と使命感にもとづき、本気で「大東亜現防勢」の逆転を願っていたのはまちがいない。

こうした下からの艦船攻撃志願は、軍上層部の意図を体しておこなわれた。先に述べたように、このころの陸軍航空の使命は、一撃講和実現のための米機動部隊撃滅に絞られていた。石川は航空将校として、そのような陸軍航空内の空気をよく理解していた。この点が彼の特攻志願の前提となる。

「国民意志の問題」

石川が一九四四年九月一日付で飛行訓練先の別府から戦病入院中の兄に送った手紙がある。前出の『礎』にも載っているものだが、主要部分を以下に引用する。一通の手紙だが、数日にわたって書き続けられたものである。

小生　今特別操縦見習士官の教官で教育班長（区隊長）をやって居ます　決戦下使命の重大性に鑑み大いに張切ってやって居ます　全く学徒から直《ただ》ちに見習士官になった丈に学生気分が抜けきれず将校にする為には一苦労です　九七重呑龍《どんりゅう》〔重爆撃機〕の操縦教育も毎日やって居ます　最近は新重爆キ一六七に乗って居ます／サイパン玉砕亦《また》最近は小笠原、九州の空襲等愈々《いよいよ》内地も戦場化しました　浜松飛行部隊の張切り方も大変です／私は教育基幹人員として第一撃の攻撃隊には加えられず全く残念の極《きわみ》です　専ら敵機動部隊の撃滅を目指して訓練中です　浜松にも一年有余全く安閑として居ました　未《ま》だ当分教官でしょう　早く第一線の大空に活躍したいものです

「特別操縦見習士官」（特操）は、学徒兵を速成教育して航空将校にした陸軍の制度である。石川は陸軍本流の飛行将校として、受けてきた教育や文化が大いに異なる彼らの指導に苦心しつつも、米機動部隊撃滅に向けた決意をあらためて示している。「キ一六七」はのちに特攻機に使われる重爆撃機「飛龍《ひりゅう》」を指す。

しかし、この手紙には「近来訓練の猛烈さに加えて犠牲も絶えまなく事故続出　葬式も暫々〔屢々〕です／敵撃滅までは専ら慎重にかまえて居ます」、「此間我が教え子の一ヶ班四名の特

操見士〔学徒出身の特別操縦見習士官〕を殉職させ全く申訳なき限りです」、「故《な》き教え子の分も働きます」ともある。石川にとっての死は、自らのものも含め多発した墜落事故により、特攻以前からすでに日常化していたのである。

さらに興味深いのは、石川がこの手紙の末尾に「パリー陥落友邦ドイツの運命も日々に非です　皇国本土の防衛こそ今や緊急の問題となりました　戦争の勝敗は航空決戦特に敵空母の撃滅にありますが窮極する所は国民意志の問題でしょう」と記していることである。

この「国民意志」の個所は、石川が将校の一人として、国民の戦意を維持できるか否かが戦の勝敗につながると考えていたことを示す。国民に抗戦の意志あるかぎり不敗という強気とも、国民の意向次第では敗北もありうるという弱気のどちらとも解釈できる。

現実の戦況が日独ともにきわめて不利であるなか、石川はどちらを考えていたのだろう。後者であれば、石川は自らの犠牲により「国民戦意」を奮い立たせ、何とか敗北を防ごうと特攻志願したとも考えられる。

「見敵撃滅の日迄は絶対に死にません」

石川は、浜松出発約一ヵ月前の一九四四年九月二八日、父に送った手紙でも、「此間《このあいだ》の夜間飛行で同郷の松井少尉（此間一緒に帰って編成した人）が墜落殉職しました　御遺族の世話等で大変でした　編成三日目に死んで本当に気〔の〕毒でした　私も一緒に暗夜雲中に突込み駄目だと思いましたが助かりました　全く皆様が神仏に祈っていただける御陰と存じます／見敵撃滅の日迄は絶対に死にませんよ……」と、死の日常化を報じている。

ところが、同じ手紙で「編成は縁のもの故《ゆえ》急ぎませんが出来得れば今年中位にやりたいものです　届を出して許可迄《ま》でも二ヶ月位はかかりますから……ハハ……」と、年内には「編成」すなわち結婚をしたいとも述べている。特攻による死が間近に迫っているはずなのだが、神ならぬ身の人間として、そういう考え方もあったのかと思う。

浜松出発直前の一〇月二四日、石川が家族に宛てた手紙のコピーが、隊員たちの遺書や手紙を集めた『富嶽隊遺稿集』に載っている。同遺稿集は富嶽隊長の兄が戦後、隊員の遺族を訪ねてまわり作ったものだが、この手紙のみは私の手元にない。

暫《しばら》く　其後皆々様御変り有ませんか／小官頗《すこぶ》る元気旺盛日々教育訓練に邁進《まいしん》して居ます　台湾沖航空戦の我陸軍雷撃隊の華々しき戦果　誠に十年兵を養うは今日の為と孜々《しし》として連日連夜訓練に精進して居た彼等の勇士が眼前に浮びます　今や敵空母と差違〔刺〕えて一足先に靖国に行ってしまった彼等幾多英霊先輩の大分も懇意の人　同期五

名の中には小尾中尉も居ます　武運拙なく教育に従う我等にも今や彼等の讐討《かたき》たん〔と〕猛訓練中です　きっと小尾やその他の讐を討ちますよ　敵空母必沈　数ヶ月を共にした学生とも靖国の再会を期して送り出した後は只《ただ》我行かんのみ　同期も余す幾人ぞ　我亦《また》安閑たり得ず／近く武運に恵まれん　斉藤大イ〔尉〕の如く七生報国空母数隻を血祭に挙げん覚悟　喜んで下さい／粘りに粘ります　死のうが一定　只運命　その運命をも支配すべき強力なる意志を持て我行かん／皇国将《まさ》に攻勢移転の初動　獣敵米英を打倒すべき秋《とき》将に来たり　一年有余三ヶ《ママ》方原の空に鍛えに鍛えた双翼を見よ　余り心配されぬ様／廣　神明に誓って武人の本懐をとげん／私物一切松下方（下宿）に収積す　受領に来られたし／数日は当地にあり　面接の機会あるを祈るも無くば靖国にて……では又

石川中尉

ご一同様

十月二十四日　〇〇〔伏せ字〕の大任を拝し不肖皇国に生を享《う》け今此の死所を得たるを最大の喜びとす　五十年の人生を礎〔築〕くに孜々汲々とせずして今や悠久の大義に生き得るを最大の喜びとす／廣は有史以来の幸福者でした　只　皇恩祖先父母衆生の恩に感ずるのみ

絶対の死に向う明鏡止水の心境　只愉快のみ／御両親様にも健《すこや》かに特に悲観されずむしろ喜んで下さい　では

十月二十四日

石川中尉

戦友や部下に続く、皇国のため、悠久の大義に生きる……といった、以後敗戦まで大量に書かれるであろう特攻隊員の遺書の定番というべき言葉が並ぶ。特攻遺書の定型はすでに石川によって完成されていたかたちだが、我々は「運命をも支配すべき強力なる意志を持て我行かん」の個所に、彼の悲壮な決意を読み取るしかない。「運命」とは、優勢な敵の戦闘機や対空砲火に撃墜されることを指しているのだろう。石川はそれを「運命」とみなしつつも、意志の力で変えさせようとしているのだ。

富嶽隊員たちの遺書

他の富嶽隊員もそれぞれ家族に遺書をのこしている。

隊長・西尾常三郎少佐（陸士五〇期）の「恩愛の絆《きずな》は断《た》ち難《がた》し　断ち難きは心弱きにあらず　一たびこれを断たば如何《いかん》　強き絆は強き反動を生ず　断　断乎断　今や全く心静な

後列中央が石川、前列中央が西尾隊長

り」という遺書は有名である。西尾は一九一六（大正五）年七月五日生まれ、このとき二八歳である。軍人たる者、妻や両親との絆をみずから断ち、潔く死なねばならない、でも難しいという葛藤《かっとう》がにじむ。

その部下の幸保栄治曹長は、両親宛ての手紙に「今日は珍しく雨である　酒を呑んで我を忘る時は実に朗《ほが》ら〔か〕である　雨はいやだ　忘れざるとしても　生きた血の通う五尺の体　いらいらして来る　雨はいやだ　最後の一筆なれど運ばず　日本晴やがて命下るや　見事空母に　唯々《ただただ》神に祈るのみ」（四四年一〇月三一日）と記している（『富嶽隊遺稿集』）。雨で出撃できずに死の恐怖がのしかかってくる、酒で忘れることなどできない、早く楽になりたいという心情であろうか。

幸保曹長は、一一月一三日の第三回出撃で隊長の西尾少佐機が撃墜されるなか、敵の戦闘機をみて基地に引き返した。「機動部隊の上まで行ったのに、惜しいことをした」という上官の言葉に立腹、やけ酒を飲み「死んでやるぞ。今度こそ死んでやるぞ」と叫んだ(高木俊朗『陸軍特別攻撃隊　一』)。別の文献では、この上官は幸保に「戦場で敵機に遭遇するのは当たり前だ。そこを突破するのだ」と言ったとされている(河内山譲『富嶽隊の十八人』)。どちらにしても、生還をとがめられたと感じ、自尊心を傷つけられた幸保が激しい興奮状態に陥ったのは変わりがない。

幸保は同月一五日の第四次出撃で、隊長機と二番機を置きざりにして飛び去ってしまい、二度と帰らなかった。死への恐怖と興奮に押しつぶされるかたちで自ら死を選んだのは、ちょうど同じ日に戦死した万朶隊の石渡軍曹と共通しているようにみえる。

同じく富嶽隊の柴田禎男少尉(陸士五七期)は「基地にて」とある日付不明の遺書に『愈々《いよいよ》征きます』心中清澄、後につづく者あるを信じて笑って征きます」と書き、隊長機に同乗して出撃、戦死した。「後につづく者」を信じるという彼の言葉は、特攻がけっして臨時の、一時的な戦法ではなく、恒常的に続けられるであろうと隊員たちが予測していたことの証ではないか。そして、以後の戦況はその通りになっていくのである。

慌ただしい出発

石川が浜松からフィリピンへ出発した後、部下が預かったお金を父親に送った書留の手紙がある。封筒に記された差出人の名は「浜松陸軍飛行部隊大西隊　石崎貞義」である。この部下は「石川中尉殿一機一艦必滅の烈々たる闘魂をもって二十六日一三時勇躍征途につかれました／近く挙げられる大戦果期して待つべきあるものを確信致しております」と述べ、所持金三四五円九〇銭から石川本人が持参した三七円と、送料など一円四〇銭を差し引いた三〇七円五〇銭を為替として同封する、と書いている。

石川も、万朶隊の石渡軍曹と同様、遺書を書き、家族と面会する時間を与えられないまま、慌ただしく戦地フィリピンへ向かったことがわかる。彼の死に支度と遺された親への対応は、軍当局ではなく、個人的な配慮によりおこなわれている。石崎少尉は石川の任務が「一機一艦必滅」の体当たりであることを知っているが、この書留を受け取った父親はそのようには理解できなかったのではないか。

石川は浜松在隊時、民家に下宿していた。その家の主人が石川のフィリピン出発を父親にうまく伝えられず、そのため父子が最後の対面を果たせなかったことをわびる手紙がある。

便箋に「昭和一九年一〇月二九日」との日付があるその手紙は、令息廣氏は去る二六日「超重大任務」のため某地へ出発した、その下命は突然のことで、石川が二五日に出校したのと同時であった、当方へは午前九時ごろ電話で通知があった、とりあえず電報でお知らせ申し上げようとしたが、「行先は勿論〇〇も暗号との事」で郵便局により種々削除されてしまい、不本意ながら「アスシュッパツスル」としか申し上げられなかった、石川本人からも速達便でお知らせしたからご承知のことではあろうが、いろいろ話したいこともあるし、荷物の片付けもあるから一度浜松へ来ていただきたいと頼んでいる。

「超重大任務」は特攻、「〇〇」は「任務」であろうか。主人は石川の特攻出動を電報で伝えようとしたが、行き先や任務は機密保持のため削られてしまい、「明日出発する」としか言えなかった。これではなんのことか父親にはわからなかっただろう、とわびているのである。

「突っ込め空母に」

フィリピンに到着した石川が出撃直前、浜松在隊時の下宿先へ送った手紙の写しがある。事実上の最後の遺書といえ、前掲の追悼録『礎』にも収録されている。封筒に父親の字で「廣が〇〇基地より松下泉氏に宛てたる最後の通信（写）日付無きも必死行の前日

特攻機上の石川

記せしならん」、兄の字で「亡父好文　遺品受取りに下宿松下泉様に来ていた」と上書きがある。出発前、最後の遺書を家族ではなく下宿先に送り、それを父親が筆写したことになる。

在浜松間　色々お世話になりました／御恩は決して忘れません／空襲下の〇〇基地に神機を待つこと久し／暇な時はよく曾我〔邦夫〕さんと松下〔下宿先〕一家を語りました／中村隆三さんが戦斗機で我々を掩護して呉《く》れます／此度《こたび》の決戦は松下一家の総出《そうで》だと笑いました／原田さんに呉々も宜《よ》ろしく云って下さい／最早《もはや》必成を確信して喜んで行きます／大君乃《おおきみの》　醜《しこ》の御楯《みたて》と　云うものは　かかるものぞと　突《つっこ》め空母に／永らく待たせましたがやがて新聞で見られるでしょう／遺品整理等で最後迄御世話になります／では皆々様の御壮健御多祥を祈ります／石川中尉

石川たちが自らの特攻死に向かいえた背景を理解するうえで、森岡清美『決死の世代と遺書』の提唱する「死のコンボイ」という概念が参考になる。森岡によれば、コンボイとは「道づれ」のことであり、若者たちは肝胆《かんたん》照らし合った者同士で組むことにより、死への突進を可能にしていた。石川の「此度の決戦は松下一家の総出だ」という言葉は、彼らなりの「死のコンボイ」意識の表現である。

しかし石川の乗機は敵のいる海域にすらたどり着くことはできなかったようだ。

一九四四年一二月一六日、わずか二機で出撃した石川の最期の様子については、別の重爆隊の整備士官の回想がある（山村卓彦「仔犬を撫でながら特攻出撃に」陸士第五十六期同期生会編『礎 第二集』）。これによれば、石川は出撃当日も「航士校、浜校当時の愉快な思い出、さては、浜松・千歳界隈での痛飲の懐旧談等々、嬉々として、お互に話をされて、こちらが慰め激励される仕末」であった。

いよいよ飛行機に乗り込む前、石川は「日ごろ可愛がっておられた仔犬の頭をニコニコされながら撫で、機上の人となられ」たが、機が出発線（離陸位置）に並んだところで敵の戦闘機が出現、それを認めた石川機は「轟々《ごうごう》たる爆音と砂塵《さじん》を残して、たちまち離陸、椰子《やし》林を掠《かす》め、超低空で、われわれの視界から消え去ってゆきました」という。

山村は「部隊を異にしたためその後の戦闘経過や戦果などを報告申し上げることが出来ませず、申訳けありません」と書いているが、それは生き残った同期生や遺族たちの手前、むなしく撃墜されてしまったとはいえないからではないか。石川の遺体は後日海岸に漂着、味方の手で荼毘《だび》に付されている（高木俊朗『陸軍特別攻撃隊 二』）。

石川本人はある種の達観をもって出撃したようだが、同じ富嶽隊所属の梨子田実《なしだみのる》曹長は、この出撃を「なんの武装もないあの巨体（富嶽隊機）をもって、敵の空母を攻撃せよとは、参謀はバカの看板なり」と日記で厳しく批判している（同）。

戦果報道と国民の感激

富嶽隊の初出撃は、石川の戦死より一ヵ月以上前の一九四四年一一月七日であった。この時は敵を発見できず、全機引き返している。同一三日に五機で出撃、西尾隊長機は敵機に撃墜され、一機が突入、石川ら三機は途中で基地に引き返した。

ところが翌一四日付の大本営発表は西尾隊長らの戦果を報じるなかで、石川らの二機はこれに先立つ「十一月七日ルソン島東方の敵機動部隊を攻撃し敵艦に体当りせるものと認むるも戦果を確認するに至らず」と発表している。

翌一五日付『朝日新聞』はこの大本営発表について、石川機が無電により「突撃」を連

報道班員（左２名）と石川（眼鏡の人物）

打しつつ突入したので「敵艦に体当りしたものと認められるが、遺憾ながら戦果を確認していない」と解説している。もちろん誤報であり、発表時点の石川は生きていた。

このような混乱が生じたのは、石川が実際に突入の無電を発した後で突入を断念、生還したからだが、軍司令部が特攻の十分な戦果確認よりも、その「大戦果」の報道のほうを優先させていたことがうかがえる。

しかし内地の人びとはそれを知らない。大本営発表翌日の一一月一五日付で浜松の下宿主人は石川の父親に手紙を送り、「昨日五時の報道及本朝の新聞は御覚《おおぼえ》の事と存じ候、御令息廣殿には去る七日遂に決行、日頃の訓練に物を云わせ大戦果の上神去《かみさ》り候事、実に感壊〔慨〕無量に御座候」、「当家内にしてもラジオに石川中尉云々《うんぬん》と聞くより手足は振〔震〕るえ言葉は出ない位、又隣保組《りんぽぐみ》よりは慰問を受ける有様にて、直《ただ》ちに写真及出征の際残し置き候頭髪、爪を取出し灯明を奉《ささ》げ申候」とある。

　ラジオを聞いた主人一家は異様な感激に打たれて石川を神とあがめ、近所の人はただ下宿していただけの家にまで慰問に来てその戦果をたたえた、というのである。特攻開始初期の国民の反応は、かくも感激と興奮に満ちたものだったのだろう。

死後に与えられる栄誉

　昭和天皇は一九四四年一一月八日、フィリピンの戦況を上奏した梅津美治郎参謀総長に「特別攻撃隊〔は〕あんなにたま〔＝弾丸〕を沢山受けながら低空で非常に戦果をあげたのは結構であった」と褒める言葉を与えている（中尾裕次編『昭和天皇発言記録集成〔下巻〕』）。かくして特攻作戦は天皇のお墨付きを受けたかたちで拡大されていく。

　石川戦死後の四五年、母校の陸軍航空士官学校（埼玉県入間《いるま》郡豊岡町《とよおかまち》〈現・入間市〉）は特攻隊員を祀《まつ》る神社を建て、校内に設けた「特攻紀念室」に彼らの遺品を展示した。死者の殊勲をたたえ、後に続く者の教訓とするためである。同校内の「教育記念館」が石川の「遺書血書」を五月末まで借りた旨の借用証（三月二四日付）が残っている。

この借用証とは別に「受領証」もある。石川の親が同校の航空教育館に息子の遺品を寄贈し、その受け取りとして二月一一日付で発行されたもので、遺品の内訳は「写真十三葉／手提カバン（皮製）一個／写真帖（大小）二冊／色紙一枚／戦斗帽一個」であった。

石川の親が息子の遺品展示に協力し、寄贈もしたのは、息子の名誉を公に顕彰し、後世に伝えてほしいという親としての切なる願いがあったからだろう。

士官学校の方でも、そうした親としての心情をくすぐるような手紙を二月八日付で親に送っている。その内容は、去る一月二五日に特攻隊神社を祀って教育館内に拝借の遺品を陳列、展観させた、二月二〇日ごろまでには各中隊を一巡、展観を終わる予定で一同に深い感銘をあたえた、約束通り約一ヵ月ぐらいで遺品を返却するつもりだったが、来月の卒業式の際にできれば天覧台覧を仰ぎ、参列者各位にも展観させたいという校長の意図により、三月末まで借用を延期したいがいかがか、というものだった。

この手紙によれば、石川らの特攻将校の遺品は同校関係者に「深き感銘」を与えたうえ、航士卒業式に行幸する天皇や皇族の観覧に供される予定だった。当時にあって、天皇に我が子の遺品を見てもらえることは、このうえない名誉だったろう。

ところが、この観覧は実現しなかった。昭和天皇は航士卒業式に先立つ三月一五日、宮城《きゅうじょう》で卒業生と引率の大佐の総勢一一六六名の奉拝を受けて答礼したが、二〇日の卒業式では侍従武官を差遣したのみだった（宮内庁編『昭和天皇実録　第九』）。空襲が激しくなるなかで安全を考慮したとみられる。特攻士官の遺族たちは天皇の来校がなかったことを知っていただろうか。知っていたとすれば内心失望したのではないか。

もっとも、石川ら特攻隊員の生前の姿を、昭和天皇はその眼でみていた。天皇は三月七日夜、宮城内の地下防空壕「御文庫《おぶんこ》」で、皇后とともに映画「陸軍特別攻撃隊」を観覧している（同）。この映画には特攻機を操縦したり子犬と戯《たわむ》れる石川の姿や、「体当たり機は大変よくやって立派な成果を収めた、身命を国家に捧げてよくもやってくれた」という自らの言葉（参謀本部第一部長・真田穣一郎《さなだじょういちろう》少将代読）に聞き入る別の特攻隊員たちの姿が映っている。しかしこの観覧が公表されることはなかったし、天皇が自分への忠誠を全うして死にゆく若者たちの姿に何を感じたかもわからない。

4　「三浦中尉どのは神さまなのですから」——皇魂隊長・三浦恭一

「どうしてア方面と言わないのか」

三浦恭一《みうらきょういち》中尉は、万朶隊・富嶽隊に続いて編成された陸軍特攻隊の一つである皇魂《こうこん》隊の隊長として、一九四五年一月八日にフィリピン・ルソン島リンガエン湾で戦死した。

三浦が特攻隊員となる経緯を、一九七五年に刊行された追悼録『陸軍特別攻撃隊　皇魂隊と隊長三浦恭一少佐』に収められた日記や関係者の回想などから見ていきたい。

三浦は四二年一二月に陸軍士官学校を卒業（五六期）し、航空に転科した。鉾田飛行学校在校中の四四年三月一三日、任地の希望調査がおこなわれた。三浦はこの日の日記に、「現在人々の希望に昭南《しょうなん》〔シンガポール〕比島を志望するあり　されど実際国防の第一線に就《つ》きて潔《いさぎよ》しとする者　何ぞ　ア方面へと言わん　些《いささ》かなりとも物色に汲々として原案を望むあらんか　最も唾棄《だき》すべきなり」と厳しい言葉を連ねている。

これは、同期生に後方の安全なシンガポールやフィリピンへの配属を希望する者がいたが、これから国防の一線に向かう航空士官であるにもかかわらず、なぜ「ア」方面を希望しないのか、という批判である。「ア」方面のアはアメリカのア、つまりこの時点での対米戦争の最前線だったニューギニア方面を指すとみられる。「原案」は現状維持という意味か。この前日に「ニューギニア方面戦況」についての講義を聞いて「余りにも悲壮なり」と感じたのも影響したようだ。

航空士官学校の校長だった遠藤三郎《えんどうさぶろう》中将は戦後、「敏感な年若い生徒にもそれ〔南方の最

三浦恭一中尉（1944年、朝日新聞社提供）

前線の悪戦苦闘〕が反映するのか生徒の中には人生感《ママ》や死生感《ママ》に関し相当悩む者もあるらしく、……例外的ではありましょうが厭戦《えんせん》思想を起して逃亡した者および自ら体を傷つけて兵役を免れようとした者、あるいは自暴自棄に陥りかけた者もありこれ等の指導には苦慮致しました」と回想している（遠藤『日中十五年戦争と私』）。

天皇のためいつでも死ねる将校を養成するのが士官学校教育だが、年若い少年である以上、死の恐怖を免れえなかった人が複数いた。三浦はそれが許せず、自ら体当たり要員を志願する。

かくして三浦は万朶隊・富嶽隊に続き、鉾田で編成された特攻隊の一つである皇魂隊の隊長となった。石渡・石川両隊員が家族との面会もないまま急遽フィリピンへ送られたのと違い、三浦は出撃前に休暇を与えられ、四四年一〇月一三日に自宅へ帰っている。

三浦の姉は、その際の三浦の様子について「突然休暇を得て帰郷致しました。思いがけない帰郷に家族一同と楽しく語りあいました夜、ラジオのニュースが陸軍特別攻撃隊、万朶隊の出撃を報じました。その時弟は、『万朶隊は鉾田で編成された』と一言、私はハッと胸をつかれた思いで『恭一も特別攻撃隊に出るのではないの』と聞きますと、ただ無言で返事は返りませんでした」と回想している。すでに内心死を決していたとはいえ、それを家族に打ち明けて嘆かせることはできなかった。

三浦は約一ヵ月後の一一月一七日、弟に宛てて遺書を書いている。「我を待つもの、そは転出の命なり。既に鉾田にて編成せし万朶隊は、その名床《ゆか》しく華と散った……何《なん》ぞ何《いず》れに望みを掛けし、必ずや後に続くを信じつつゆきたるならん。我が任、今ぞはっきり言う、陸軍特別攻撃隊なり。隊名は八紘《はっこう》の第十一隊とか、予が現在の心事、ただ勇躍、血潮の湧《わ》き立つを如何《いかん》ともなし得ず」。

自分が特攻隊員であることを打ち明け、同じ鉾田で編成された万朶隊に続くという堅い決意を示している。

「三浦中尉どのは神さまなのですから」

皇魂隊は一九四四年一一月二九日鉾田を出発した。フィリピンへ向かう途中の一二月三日、三浦は母との最後の対面を果たすことができた。同月五日には、宮崎県新田原《にゅうたばる》基地から故郷宇和島《うわじま》市上空への訪問飛行を許されている。万朶・富嶽両隊とは一変した〝厚遇〟ぶりである。

三浦の郷土訪問飛行はあらかじめ宇和島市関係者に伝えられ、三浦の母校の国民学校(小学校)生たちは歓迎した。子どもたちは当日の感激を感想文に記した。ある二年生の男子は「三浦中尉殿、ぼくたちは神さまにいのりますから、きっと米英をやっつけて下さい。どうかおねがいいたします。私たちもきっと米英をやっつけます。私たちもおおきくなったらひこうきにのりますから、三浦中尉どのは神さまなのですから、どうぞ私たちをおまもり下さい」と書いている。

「三浦中尉どのは神さまなのですから」とまで言い切られてしまえば、本人は家族や郷土の手前、突入するしかないだろう。

特攻隊員を神と讃えたのは子どもたちだけではなかった。先に、特攻は国民に飛行機増産をうながすための宣伝であると述べた。実際に特攻開始後、そのような宣伝がおこなわれた。大本営海軍報道部・海軍主計大尉の高戸《たかと》顕隆《あきたか》は一九四四年一二月に発行された海軍の宣伝雑誌に次の文章を寄せている。

神風今ぞ吹く、南溟《なんめい》の雲白き彼方に、若き男《お》の子等打笑《うちえ》みて風となり、敵艦の甲板に散りて護国の神となる。／神、飛機に召し醜夷《しこえびす》討たせ給うか。／「神風特別攻撃隊」発進す。整備兵は滑走路に打伏《うちふ》し、泣いて合掌す。／神の翼つくる人々は拝《おが》みて工作機械につき、神の怒り、爆裂の弾つくる人々は跪《ひざまず》きてわが努力の足らざるを泣く。日本の力今盛りなり。日本の勝利今ぞ見ゆ。一億の血は皇国に捧げられたり。（高戸「戦局随想」『海軍報道』一一九）

自ら命を捨てて「護国の神」となった特攻隊員の犠牲を無駄にしないよう、国民は飛行機増産に努めよ、というのである。

このような文章を読むと、いかにも日本中が神がかり一色となっていたかのような印象を受ける。たしかに時の首相からして神頼みに走っていた。評論家の清沢洌《きよさわきよし》は四四年一二月一二日の日記で、小磯国昭首相の主導により国を挙げておこなわれた、伊勢神宮への必勝祈願にふれている。清沢は「二十世紀中期の科学戦を指導する日本の首相は神風をまき起す祈願を真面目にやる人なのである。／ラジオ、また新聞は、毎日、毎日、特別攻撃隊のことを書き、放送している。体当り精神と事実との表彰、鼓吹《こすい》である」と小磯を冷笑している（清沢『暗黒日記 二』）。

小磯個人が時代遅れの神頼み精神の持ち主だったのは事実だろう。しかし特攻は、当時の日本が国を挙げて最新の工業技術を駆使することで「神風」を吹かせようと開始されたものである。当時の戦争は総力戦であり、ラジオと飛行機という「二十世紀中期の科学」の産物なしに遂行は不可能だった。特攻は、高戸や小磯のような神がかり的思考法と、科学的・合理的思考法のどちらを欠いても不可能だったと理解するべきである。

ラジオと特攻

先に書いたように、休暇で帰省した三浦とその姉は、ラジオで万朶隊特攻の報を聞いた。ラジオは特攻の推進に重要な役割を果たしている。

当時、ラジオの報道で特攻隊員が自らの決意を肉声で語ることがよくあった。東京で出版社勤めをしていた作家の一色次郎《いっしきじろう》（一九一六年生）は、その衝撃を一九四四年一二月一七日の日記に「暗くなってから、特別攻撃隊員の録音放送がラジオで行なわれた。NHKの特派員が、録音したものである。死を目の前にした人の声をはじめて聞いた。おそろしかった」と記した（一色『日本空襲記』）。

この放送は、一色の翌一八日の日記に引用された新聞記事（紙名不明）によれば、特別攻撃隊・護国飛行隊の七神鷲の言葉を録音したものだった。「家のあの柱、あの壁にいたるまで自分の胸にしみついています。正英（西村正英少尉）は、家にいるもおなじです」といった隊員の肉声を、内地国民は直接耳にしたのである。

新聞は、この放送について「文字でなく声であり、しかも、さりげない言葉であるだけに、その奥にあるおおいなる決意がじかに胸に響き、感慨泉のごとく湧きあふれて静坐に堪えず」、「神鷲の魂は、それぞれの父母の家に永遠にいられると同時に国民一億の心に、いま、厳然として生きている」と、国民に特攻精神を自らのものとするようにうながした。

しかし一色は、この宣伝目的の放送に激しい憤りを抱いた。一八日の日記に「暗くなってから、さくやの放送のことを考える。ちょうどいまごろの時間だったというふうに。すると、なんともいえない憤りが胸にこみあげてきた。放送したということに対して。本人が、あわれだ」（同）と書いている。

なぜ特攻隊員たちは「あわれ」なのだろうか。一つは、ここまで明確に決意を述べて、一

特攻隊員の最期の言葉をラジオで聞く遺族
（1944年、朝日新聞社提供）

億国民の賞賛を浴びてしまえば、もはや退路は完全に断たれ、ひたすら敵に突進して死ぬしかないからであろう。

もう一つは、肉親の死をラジオで聞かされる家族が嘆き悲しむからであろう。三浦中尉の部下・春日元喜軍曹（一九二一年生、仙台養成所八期生、四五年一月六日にルソン島リンガエン湾で戦死）は、陸軍報道班員の中野実《なかのみのる》に対し、特攻隊員とラジオの関係について次のような印象的な話をしている。

なんにも知らずに〔休暇で〕家へ帰りました。すると、その日に万朶隊の発表です。その時、はじめて、俺も行くなと感じました。それで、ほんとのことを云ったら、またおふくろに泣かれると思って、冗談めかして、俺も体当りをするかも知れんと云って居ったんですが、最後の日になったら、ほんとのことをほのめかしてかえるつもりで居ったんです。ところが、どうしても云えなくてね。ほかの家から電報をうって帰隊しました。その前に、家を出る時に、どうかして覚悟をさせようと思って、十二月になったら、ラジオのスイッチを入れといてくれと云って出て来たら、途中で、おふくろが感づいたらしいんですよ。急いで家を出て、駅へ行く途中で、おふくろがうしろから追いかけて来て、私の名を呼ぶんですよ。つかまったらかなわんと思って、とっとこっちは駈け出して来たんですが、こんなことなら、よくわけを云って、落ちつかせて来た方がよかったですよ。／春日軍曹はそう云って明るく笑うのである。私は鼻がしらがじいーんとなって、目をそむけてしまった。（中野「八紘隊は征く」『文藝春秋』四五年二月号）

ラジオは、三浦や春日たち特攻隊員にとっては、自らの名誉ある死を公に讃えてくれる装置だった。だが、それを聞いた肉親たちにとっては、息子の死を突然知らせて悲嘆に追い込む残酷なものだった。

ちやほや扱いへの嫌悪感

しかし、ラジオや新聞といったメディアの取材攻勢に嫌悪感を示す特攻隊員もいた。陸軍特攻隊・進襲《しんしゅう》隊員の久木《くき》元延秀《もとのぶひで》少尉（陸士五七期）は、一九四四年一二月、内地からフィリピンへ向かう途中、親しい女性に宛てた手紙で「今も、新聞記者が来て、何か　ぎゃあぎゃあ云っていましたが、大嫌い」と書いている（八牧美喜子『いのち』）。

一九四四年一二月七日、鉾田教導飛行師団で編成された仮称と号第一五飛行隊（隊長澤《さわ》田《だ》久男《ひさお》中尉、通称澤田隊）が作った『特攻隊心得』には「我等は単に新聞を賑《にぎ》わす為に働くに非《あら》ず、真に国軍の要求する所に力を発揮し、国軍の勝利の為に体当りを行う」、「航空部隊は今后《こんご》すべて特攻隊となるべし　我等当然のことを為すに、今更特攻等とちやほやされ出て行くを恥しく思うべし」とある（偕行社編『菅原将軍の日記』）。

もうすぐ死なねばならない特攻隊員たちは、自分たちの死をお涙頂戴の美談として消費するメディアへの反発を隠そうとしなかった。深読みすれば、特攻隊員を神様などと持ち上げはしても自分は出撃しない上官への皮肉ともとれる。

三浦中尉の遺書

三浦は、フィリピンへ向かう途中の台湾で親に遺書を書き「御両親様、強く強く生きて下さい。発表の後、しばらくは、人情濃きところでも、とき経てば薄らがんとするは世の常です。思い起こして、立派に隊長の家族として御示し下さい」と言い遺した。

特攻隊員の遺族には周囲から熱烈な讃辞が与えられるだろう、けれどもしょせんそれは一過性のものですぐに感激は冷め、人びとの態度も変わるはずだと予測し、それでも誇りを持って強く生きるように諭している。

この予測は日本の敗戦によって適中した。三浦の姉は、敗戦後の四五年一二月のある日、弟の「遺骨」（に代わる何か）を迎えたときの様子について「戦時中は張りつめた気持で人前で涙一つ見せなかった母が、位牌《いはい》を抱いて泣き崩れていたのが、痛々しく思い出されます」と回想している。

三浦の弟によれば、地元の寺でおこなわれた遺骨引き渡しは手荒いもので、「帰宅して母はこの遺骨なき骨箱にすがって一時間ばかり泣き止めなかった。『犬死』の名をその時はじめてきいた」と書いている。戦に負けたとたん、人びとは掌《てのひら》を返したように冷たくなった。

小括

フィリピン戦における特攻隊員の現実は、さまざまであった。死への恐怖に押しつぶされて自ら死を選んだかたちの隊員もいれば、すでに日常化していた訓練死のなかで、戦局挽回・和平の礎となる決意を固めながら突入した将校もいた。彼らとその肉親はメディアの報道により国民から神と讃えられた。熱烈な特攻賛美の報道は隊員たちにとって喜びであったが、同時に嫌悪の対象でもあった。

第二章　沖縄戦の特攻隊員

1　孤独な特攻隊員

一撃講和の最後の機会

米軍は一九四五年一月にルソン島に上陸、三月に首都マニラを占領してフィリピンを事実上制圧した。次なる主目標は沖縄だった。沖縄を日本軍から奪い、日本本土上陸の拠点とするためである。対する日本軍の沖縄戦の位置づけは陸海軍で違っていた。海軍は沖縄戦を一撃講和実現の最後の機会、陸軍は本土決戦準備の時間稼ぎとみなしていた。

沖縄の戦いは、米軍が三月二六日に慶良間《けらま》諸島、四月一日に沖縄本島へ上陸したことにはじまる。対する日本軍守備隊は抵抗を長引かせるため持久方針をとったが、大本営は昭和天皇の「なぜ攻勢に出ぬか」という発言もあり、米軍を沖縄から撃退すべく積極的な攻勢を命じた。

四月六日、南九州から大量の特攻機を含む航空部隊が発進、沖縄近海に集結した米艦隊や輸送船団に第一回の航空総攻撃をおこなった。地上の日本軍もこれに呼応して総反撃に出たが失敗、一三日にはふたたび持久方針への移行を余儀なくされた。以後、地上では洞窟陣地に立て籠もった日本軍と米軍が一進一退の激戦をくりひろげ、航空部隊も特攻を含む総攻撃をくりかえしたが、日本軍は五月二七日に司令部のあった首里から撤退、六月二三日に組織的抵抗は終わる。

これに先立つ三月二日、下志津《しもしづ》教導飛行師団長の陸軍少将・片倉衷《かたくらただし》は部下将兵に対し、「惟《おも》うに現下苛烈なる決戦に於て醜敵撃摧《げきさい》最終の勝利を占め、更に皇国三千年の国運を振起し得るは実に懸《かか》りて我が特別攻撃隊の双肩に在り　而《しか》も之が重大なる任務遂行は実に崇高なる国体観と悠久の大義に生くべき透徹せる死生観に存す」と荘重な訓示をおこなった（知覧高女なでしこ会『知覧特攻基地』）。

特攻は戦局を挽回し、「国体」を護る切り札であるから、隊員はその信念を固めよ、というのである。ここでいう「国体」は天皇を中心とする現下の統治体制であり、特攻の目的はその死守であった。

海軍でも、第一航空艦隊司令長官の大西瀧治郎中将が三月八日、台湾で部下に「時と場所とを選ばず、成るべく多く敵を殺し、彼をして戦争の悲惨を満喫せしめ」よと訓示した。それこそが米国民の「政府に対する不平不満となり、厭戦思想とな」って有利な講和をもたらすからである（故大西瀧治郎海軍中将伝刊行会編『大西瀧治郎』）。

だが、大西は続けて、講和促進とは異なる特攻の目的も訓示していた。

私は、比島に於て特攻隊が唯国の為と神の心になって、攻撃を行っても、時に視界不良で敵を見ずして帰って来る時に、こんな時に視界を良くすることさえ出来ない様になれば、神などは無いと叫んだことがあった。然《しか》し又考え直すと、三百機四百機の特攻隊で、簡単に勝利が得られたのでは、日本人全部の心が直らない。

大西はさらに続けて「日本人全部が特攻精神に徹底した時に、神は始めて勝利を授けるのであって、神の御心《みこころ》は深遠である」と述べていた。つまり大西は、この戦争を日本民族復興のため神が与えた試練とみなし、そこに特攻継続の大義名分を見いだしていたのである。特攻隊員たちは、神に供えられるいけにえとして突進していくのであった。

こう言われても、特攻隊員たちはにわかには神がかりにはなれなかったし、周囲の人間もしょせんは他人《ひと》ごとだと孤立感を覚えた隊員もいた。

例えば、特攻隊員・海軍少尉の佐藤時男（二二歳、日大、第一四期予備学生）は四五年三月一三日の日記に、「時には『当って砕けろ』という気持になることもあるが、これもやはり自己に対して余りに無責任だと考えると妙に淋しくなる。武士の意地で引受けては見たが、やはり、同室の者の打興《うちきょう》じている様を見ては余りよい気持がしない。俺個人の死は、やはり俺個人にだけ偉大なのであって、〔他人には〕気兼《きがね》はしているらしくはあるが、異《ことな》れる細胞の死滅としてしか考えられぬのであろう」と孤独な胸中を記している（海軍飛行予備学生第十四期生会編『続・あゝ同期の桜』）。

必死の特攻隊員は、他人にその胸中を決して理解してもらえない深い孤独のなかにあった。前出の富嶽隊・石川廣中尉は出撃の前に子犬をかわいがっていた（本書七一頁）し、同じく子犬を抱いた少年特攻隊員の写真も残っている。それは、彼らがものいわぬ従順な小動物と接しているあいだだけは、他人との断絶や孤独を意識せずにすんだからかもしれない。

子犬を抱く少年特攻隊員（1945年5月26日）

特攻への決意

けれども一方で、特攻隊員たちは激しい訓練を通じてともに死ぬための結束を固め、闘志を燃やしてもいた。陸軍の第一八振武《しんぶ》隊隊長・小西利雄《こにしとしお》中尉（陸士五六期）は一九四五年三月一九日、調布からの特攻出撃前におこなった訓示で次のように述べた

（同期生の回想による）。

われわれが、今日まで生死を共にして訓練に励んできたのは、ただ、今日のためである。／わが隊の攻撃目標は、先頭の敵空母一隻である。／敵空母は、なかなか強靭《きようじん》で、特攻機一機で撃沈することは、ほとんど不可能であり、全機が突込んで初めて可能である。俺が真っ先に突込むからお前たちは俺の後に続け。（陸士第五十六期同期生会編『礎』）

この日の目標は本州遠州灘付近に現れた米機動部隊であったが、小西隊長の烈々たる気《き》魄《はく》にもかかわらず、発見できないまま引き返している。小西は四月二九日、部下六名とともに沖縄へ突入戦死した。

海軍の神風特攻隊・第二七期生隊員として四月一二日、沖縄で戦死した千原達郎少尉（二四歳、京大、一四期予備学生）は四月一日の日記に、

敵は沖縄に来た。基地航空勢力の範囲での作戦になる。ジリジリ押しという常套手段を捨てて、不逞《ふてい》にも機動部隊のみによる上陸作戦を企図してきた。わが戦力をみくび

っての暴挙である。勢いに乗じた野猪《やちょ》の勇である。地道な打算もしたにはしたろうが、理性の律し得ぬ自然の勢いに流されていると考えてよい。神機到らんとす。我等は今、そこへ馳《は》せ参《さん》ぜんとしているのである。（海軍飛行予備学生第十四期生会編『あゝ同期の桜』）

と書いた。

このとき彼は、勝利に驕《おご》る米軍を自らの命と引き替えに痛撃し、戦局挽回できると信じて、もしくは信じようとしていたのである。

学徒出身の千原より年若い、少年飛行兵（少飛）出身の隊員も日本の勝利を信じる遺書を残している。第六一振武隊員として四月二八日に出撃、戦死した陸軍伍長・長谷川三郎《はせがわさぶろう》（一九歳、少飛一四期）は四五年三〜四月のある日、母に「咲く桜と共にぱっと散るは男子の喜、靖国の社《やしろ》へは日本が勝ってから参ります。それまでは七生報国、魂は太平洋に留りて米英の舟どもを必沈します」と遺書を書いた（木村栄作編『天と海』）。

人が自ら死に向かうなかで、靖国神社や桜といったシンボル、生まれ変わっても国のために尽くすという「七生報国」という言葉の発揮した力を軽視することはできない。

ロケット特攻機「桜花」（1945年、朝日新聞社提供）

やけっぱち

長谷川伍長は「七生報国」の建前を心から信じていたのだろう。しかし、そのような建前を信じられない人たちもいた。陸軍少尉・高田弘（陸士五七期）は一九四五年三月のある日、サイゴンで「七生報国などは空言《そらごと》だよ。死ねばすべて終りさ」という隣室の会話を耳にしたという（陸士五七期航空誌編集委員会編『陸士五七期航空誌 分科編』）。

同じ特攻隊員でも、「七生報国」の建前をどう思っていたかは人それぞれである。高田の聞いた会話には、特攻隊員の諦観、ないしはやけっぱちのような感情がにじむ。

諦めを胸に抱きながら突入をした隊員には、有名なロケット体当たり機「桜花《おうか》」を装備した神雷《じんらい》桜花特別攻撃隊の指揮官・野中五郎《のなかごろう》少佐もいる。野中は当時三四歳、三六年の二・二六事件に参加して自決した野中四郎《しろう》陸軍大尉の弟であり、破天荒なべらんめえ口調で部下をよく統率した海軍航空隊の名物男であった。

「桜花」は一人乗りの小型ロケット機で、野中らが操縦する大型機・一式陸上攻撃機（陸攻）に抱かれて離陸、敵艦上空で切り離されて体当たりする。重い「桜花」を抱えた母機の速度と運動性は低下し、敵戦闘機に撃墜される可能性がきわめて高かった。

米軍機動部隊は四五年三月一八日から二二日にかけて、沖縄への上陸準備のため、日本軍にとって後方基地となる南九州などの攻撃をおこなった。海軍の第五航空艦隊は桜花隊を含む航空部隊に反撃を命じた（九州沖航空戦）。野中は出撃前夜の三月二〇日、「ロクに戦闘機もない状況ではまず成功はしないよ。特攻なんてぶっ潰してくれ」と言ったという（海軍神雷部隊戦友会編集委員会編『海軍神雷部隊』）。

翌二一日、野中の率いる神雷隊はじゅうぶんな護衛戦闘機をつけられないまま、九州沖の米機動部隊めざして出撃した。部隊の離陸後、一機たりとも無電を発しなかったとされるのは無言の抗議といえる。桜花隊は米戦闘機の迎撃で陸攻一八機が全滅、戦闘機隊と合わせた戦死者は隊長の野中以下一三五名にのぼった。

諦め、やけっぱちの精神は、神風特別攻撃隊・第三御楯《みたて》隊員の及川肇、遠山善雄、福知貴、伊熊二郎の四名（すべて一三期飛行予備学生）が四五年三～四月にかけて合作した「必勝論、必敗論と手を握り／手を握る友の力の強いこと／勝敗はわれらの知ったことでなし」という川柳からもうかがえる（白鷗遺族会編『増補版　雲ながるる果てに』）。

死にゆく彼らにとっては、もはや日本が勝つか負けるかはどうでもよいことであった。この川柳は笑いにまぎらわせた心の叫び、抗議といえる。及川と遠山は四月六日、福地と伊熊は同一一日にそれぞれ沖縄へ出撃戦死した。

諦め

沖縄戦では、野中や及川らのように、諦めを抱きながら出撃していった隊員がかなり多かったと感じる。

神風特別攻撃隊・第一正気《せいき》隊員として一九四五年四月二八日戦死した海軍少尉・安達卓也《あだちたくや》（二三歳、東大、一四期飛行予備学生）は、四月二日の日記に「凡太郎は学生生活において知性に目覚めて以来、歴史について、死について、苦悶と思考をつづけてきた。それは未解決のまま残されている。／だが今はそれが別の意味で解決されている。／もう苦悶も悩みも存在する余地がない。それは意味なき意味であり、未解決の解決である」と記した（白鷗遺族会編『増補版 雲ながるる果てに』）。

「凡太郎」は安達自身を指す。死の恐怖、悩みはその解決を諦めることで逆に解決されたのであった。

別の陸軍将校も、諦めを抱えていた。陸軍少尉・梶山義孝の回想によると、一九四五年四月一一日、敵を発見できず帰還した同期生の司偵特攻隊員・東田一男《ひがしだかずお》少尉を（おそらく第六航空軍の）参謀副長が面罵した。なぜおめおめと生きて帰ってきたのか、というのである。

梶山はその場に同席しており、義憤のあまり副長を軍刀で突き刺したいという衝動、殺意に駆られた。「東田、済まん。怒るなよ。犬死するなよ」という梶山に、東田は「梶山よ。俺の心は既に『無』に近い。部下にも犬死はさせられんよ」と答えた。梶山は「そこに神を拝す」というのだが、そこにあったのは諦め、精神の空虚ではなかったか（陸士五七期航空誌編集委員会編『陸士五七期航空誌　分科編』）。

東田少尉は翌一二日、再度出撃して戦死を遂げた。

第一九振武隊隊長として四月三〇日に戦死した陸軍中尉・四宮徹《しのみやとおる》（陸士五六期）が特攻直前に書いた遺書も、ある種の諦め、達観の表現とも読める。

只今より、出発いたします。／実に、喜び勇んでおります。／ちょうど、小学校時代の遠足を思い出します。どんな獲物があるかと、胸をわくわくさせて待っております。／決意とか、覚悟とかいうような、こだわりは少しもなく、本当に、全員、純真無邪気です。／小学校に通学する朝、「行って参ります」といって出かけたことを思

い出します。本当に、嬉しさで一杯です。では、「行って参ります」／御気嫌よう
(陸士第五十六期同期生会編『礎』)

第二〇振武隊員として四月一二日に出撃戦死した陸軍軍曹・寺沢幾一郎(二〇歳、少飛一〇期)は四月三日の遺書に「長谷川大尉殿を隊長とした私の部隊、第二十振武隊が日本一の精強特攻隊であることは、皆様に喜んで戴きたい事実です」と記した(知覧高女なでしこ会『知覧特攻基地』)。

四宮中尉も寺沢軍曹も、すべてを諦めていた。ただ、自分一人ではなく気心の知れた仲間と一緒に死ぬことのみが、最後の喜び、心の支えになっていたのではないか。

戦争を生き残った特攻隊員・今井光陸軍少尉は、四月六日の沖縄出撃(第六航空軍の第一次航空総攻撃)の際、乗機は離陸可能ではあったが、増加燃料タンクからの送油不良のため、同時に出発予定だった清沢守少尉(特操一期)に飛行機の交換を申し渡した。すると清沢は凄い見幕で「何故私を残すんだ」と怒った。そのため今井は調子の悪い機で発進した(陸士五七期航空誌編集委員会編『陸士五七期航空誌 分科編』)。

交換に応じればその日は生き延びられるはずの清沢少尉が激しく怒ったのは、総攻撃への参加という興奮もあるだろうし、命を惜しんだと後ろ指を指されるのを嫌ったのもある

だろう。それ以外に、今度は見ず知らずの人ばかりの別の隊に配属され、一人で孤独に死なねばならないというおそれもあったのではないか。

結局、今井の乗機は予想より早く、徳之島付近を過ぎたころに燃料ランプが全部「赤」になったため、途中の徳之島の飛行場に着陸した。清沢ら他の僚機は翼を振りながら沖縄に向け飛行して行き、帰らなかった。

徳之島から生還した今井はその後、福岡市にある「振武寮」に送られる。そこは特攻生還将校たちの収容施設で、なぜ生きて帰ってきたかと上官に毎日激しくなじられる〝再教育〟を受けることになる（大貫健一郎・渡辺考『特攻隊振武寮』）。

戦局逆転への望み

しかし沖縄戦では、諦めを持った人がいた一方で、自らの命による戦局挽回を信じて、あるいは信じようとしながら突入した人もいた。

神風特別攻撃隊・第三八幡《はちまん》護皇《ごおう》隊員として一九四五年四月一六日戦死した海軍少尉・伊藤英次（二三歳、慶大、一四期予備学生）は四月一五日の遺書に、「私達の必中により、私達の祖国は必ずや勝利に導かれるものと確信しております。我々の攻撃により、次は沖縄に我軍が逆に上陸する手筈になっており、我々の責務の重大さは身にあまる光栄と存じます」と記した（海軍飛行予備学生第十四期生会編『続・あゝ同期の桜』）。

これは、当時の報道がすくなくとも四月半ばまでは沖縄の戦局を五分五分、あるいは日本有利としていたからである。たとえば四月一七日付の『朝日新聞』は、「敵の補充力とわが波状的特攻が何れが勝利を占めるかは、ここ数日間の戦闘の展開によって定まるであろう……昨日今日のわが猛攻の結果が如何なる戦果を記録しうるか、われわれは重大なる関心を注がざるをえないのである、沖縄決戦まさに白熱化、命を捧げて省〔顧〕みず敵艦上に炸裂しゆくわが特攻隊勇士の純忠は、必ずや敵艦を勦滅《そうめつ》し去ることをただ祈りかつ期待するものである」と報じていた。

一機一艦を葬る特攻でもう少しだけ頑張れば、沖縄の米艦隊を撃退できるというのである。特攻隊員たちもこうした新聞を読み、自分や部下を鼓舞していた。

陸軍の第二四振武隊長・小澤大蔵《おざわだいぞう》中尉（二三歳、陸士五六期）が四月二〇日の日記に記した整備隊員への「訣別の辞」は、「沖縄決戦も、新聞紙上に見る如くあと一押しなり。我等は本決戦に於て皇国の底力を深く信じ、必勝の確信を愈々《いよいよ》強くするものなり。／物量をたのむ米英も物量に限度あり。我が大和民族の精神力に制限なし、此の無制限なる精神力を以て有限なる物量に対抗せば終局の勝利は必然なり」という（木村栄作編『天と海』）。

小澤は、無限の精神力があれば敵の物量を圧倒でき、勝てるという上官の訓示や報道を信じていたのである。今日の視点から非科学的と切り捨てるのは簡単だが、こうした言葉や信念が人を死に向かわせていたことは、特攻を考えるうえで決定的に重要である。

陸軍第二〇振武隊員として四月一二日に出撃戦死した大平誠志少尉（二三歳、法政大、特操一期）は四月一一日付の遺書に「父上、母上、妻よ、私は明日は本当の出陣です。之が最后です。達者で暮して下さい。一機一艦、三千人を必ずやります。必ず殺します」と記した（知覧高女なでしこ会『知覧特攻基地』）。大平は、とにかく多くの米兵の命を奪って敵の戦意をくじき、和平につなげるという特攻作戦の目的を実際の担い手としてよく理解し、その達成を誓っている。

しかし、特攻隊員たちの悲惨は、実際には戦局挽回など不可能だったということにある。たしかに特攻は多くの米軍将兵を殺傷して脅威を与えたが、沖縄の米軍撃退という作戦目的を達成するには至らなかった。

陸軍の第六航空軍司令官・菅原道大中将は五月四日の日記に、突入の報の少ないのが遺憾、敵電話の傍受による我が戦果の少ないのが遺憾の第二、そして戦闘隊の意気銷沈《しょうちん》、攻撃隊とても褒めた情勢にないことがその三であると書き、「全軍特攻！真に特攻として投入、その後援続かずにて宜敷《よろし》きやの点聊《いささ》か懸念あり」としている（偕行社編『菅原将軍の日記』）。

この日記によれば、五月に入ってからの護衛戦闘機隊、そして攻撃隊の士気は著しく銷沈していた。結局のところ戦果が挙がらず、沖縄の米軍を撃退できなかったからである。命令を出す側の菅原も、「全軍特攻！」の美名の下に沖縄で全兵力をすりつぶしてしまって本土の防衛は大丈夫なのか、という迷いを持ちながら作戦の指揮にあたっていた。

2　遺される人を思う

親や女性が心の支え

沖縄戦の特攻隊員たちが心に思い浮かべたのは、両親をはじめ、遺される人たちのことであった。

前項に出てきた小澤大蔵中尉は、第二四振武隊長として一九四五年四月二九日に出撃戦死するが、同月一八日の母宛ての遺書に、

私がいなくなったからとて、別におかしく改まって考えないで下さい。お父さんや兄さんのいる所に行くだけのことですから。又別にゆうれいになって化けもしませ

ん。／生きて居た時と同じ気持で私をとりあつかって下さい。其れが只一つのお願いです。私は常にお母さんや皆と一緒に居たいのです。／いや必ず必ずお母さんの胸の中に帰って来ます。（木村栄作編『天と海』）

と書いた。母親が嘆き悲しむことを予測し、必ず帰ると約束している。

四月二八日、神風特別攻撃隊・第二正統隊員として出撃戦死した海軍少尉・山下久夫（二三歳、関西大、第一四期飛行予備学生）は四月一二日の日記に親への遺書を書き、「御両親の御無理も皆久夫の学資より出たることと存じて、申す言葉も有りませぬ」と述べている（海軍飛行予備学生第十四期生会編『続・あゝ同期の桜』）。これから大いに親孝行をして恩返しをするはずが、できなくなったことを詫びている。

神風特別攻撃隊・神雷部隊第九建武隊員として四月二九日に戦死した海軍中尉・中西斎季（二七歳、慶大、第一三期飛行予備学生）は四月のある日の日記に、「吉田さんより結婚の申込をうく。彼女が我を愛してくれる以上われもまた彼女を愛す。しかれども、わが未来はあまりに短し。つつしんでその申出を断るよりほかになし」と書いた（白鷗遺族会編『増補版 雲ながるる果てに』）。

「吉田さん」は恋人であるが、遺される彼女の将来を思えば、結婚は諦めるしかなかった。

本書の「まえがき」に出てきた特攻隊員・森丘哲四郎が女学生・小林治子のことを日記に書いたのは、四五年三月二二日のことである。この日、森丘は乗機零戦への爆装準備を完了させ、「神風特攻隊員の名誉と誇のもとに猛訓練に努めん」「願うは愛機の快調なり」と決意を新たにしていた(森丘・伊藤編『神風特別攻撃隊七生隊　森丘少尉』)。

しかし、同じ日の日記には「最近特攻隊の一員となりてより、実に故郷からの便りの来んことを願うようになった。出郷の折は『行きます』と断言して来た自分も、いまは姉上の封書に随喜の涙を流す憐れさだ」ともある。多くの特攻隊員と同じく、森丘もすでに周囲の生者と断絶し、深い孤独の人となっていた。

その孤独は、結局のところ、女学生や故郷の女性たちの作ったマスコットによっても満たされなかった。森丘は沖縄出撃前日の四月五日、基地近くに住んでいた戦友の義妹・島田たつ江に「戦闘機に一人乗るのは寂しいですからね人形と一緒に話すのですよ。沢山マスコットを持っていたのだが、整備員にとられちゃって、たった四つ寂しいな、僕と運命を共にするのは四つかな」と語ったという(島田が森丘の親に送った手紙による)。

森丘にとってのマスコットは「寂しい」死出の旅をともにしてくれる〝道づれ〟であった。だがそれだけでは埋めきれようもない寂しさが、出撃まぎわの機上での「故郷へ一度帰りたかった」という言葉に繋がったのだろう。

森丘は四月六日、第一七生隊員として沖縄へ出撃したが、奄美大島《あまみおおしま》に不時着し、十二、三日ごろ佐世保に上陸して十五、六日ごろ出水《いずみ》基地（鹿児島県）に帰投、待機のうえ二九日に第五七生隊員となってふたたび鹿屋《かのや》基地（同）から発進したという（母親の回想）。

特攻隊員と女性

終戦直前の一九四五年八月一三日、第二〇一神鷲隊員として銚子沖に出撃して戦死した陸軍少尉・横山善次（二二歳、明治学院高等商業部、特操二期）は七月一三日の遺書に、

善次は御両親についで、千代ちゃんに逢いたいのです。そして善次は、千代ちゃんと逢う約束がして有ります。軍隊生活中、励まし、喜ばせてくれたのは、千代ちゃんでした。善次は心から御礼を言って居ります。白木の箱と千代ちゃんを是非逢わせて下さい。／尚、靖国の社へは御両親と千代ちゃんで一緒に来て下さい。では靖国での面会を待ちます。（横山孝一『八月十三日の神鷲』）

と書いた。「千代ちゃん」は父の親友の娘で四つ年上、横山の弟の回想によれば「恋人というより姉がわり」だったという。彼は好きな女性と靖国神社で再会できると信じて死

んだのである。

一方、後に残る女性たちは何を考えていたのか。少女たちだと「特攻隊の後を追って死ぬ」という考え方になる。知覧高等女学校三年、一五歳の前田笙子《まえだしょうこ》の四五年四月二日の日記には、「敵が上陸したらどうするかという話を承《うけたまわ》」り「私達も立派にお兄様方の後につづき日本の女性ということを忘れず一人でも殺して死ぬつもりです」と答えたとある（知覧高女なでしこ会『知覧特攻基地』）。

当時の日本では「一億総特攻」のかけ声のもと、一般国民も特攻隊員にならい、勝つまで徹底抗戦することになっていた。知覧は本土決戦で敵の上陸が予想されていた南九州であるから、ひときわ切迫感があったろう。前田は本気で特攻隊員と同じように、米兵を一人でも殺して死ぬと考え、かえって特攻隊員たちに「いたずらに死んではいけない」と諭されている。

女学生たちのみた特攻隊員たちは、友と一緒に死ぬことに喜びを見いだしていた。知覧高等女学校三年の鳥浜礼子は日記に、「真太治《またじ》さんは、中島さんと仲の良い同期生。松本さんが攻撃に行くといったので、中島さんは、手が痛いのに一しょに行きたいと云って一しょに行かれた」と書いている（同。中島は手を怪我していた）。

松本真太治軍曹と中島豊蔵《とよぞう》軍曹はともに第四八振武隊員、同じ六月三日に出撃戦死した。彼らは、仲のよい友と運命をともにすることに喜びを見いだしていたのかもしれない。

誰かとともに死ぬことを喜びとしていた若い飛行兵は他にもいる。五月一〇日に戦死した飛行第一〇三戦隊員・陸軍伍長の稲田光男（一八歳）は四五年四月のある日、女学生たちへの手紙で「私達も何時《いつ》迄《まで》も知覧に居たいんですが上からの命令で至〔致〕し方ありません。私達の事は死んでも忘れないで居てね。花の都の靖国神社に先へ行って居ります。席も私達の横にちゃんとあいて居りますよ。皆さんも死んだら靖国神社だね。いいなあ」と書いた（同）。

直掩隊の稲田は「敵を徹底的に撃滅する迄は死んでも死ねないからね」とはいうが、全軍特攻ではいずれ必ず死なねばならない。来たるべき本土決戦で女学生たちも必ず死んでまた一緒になってくれる、この確信が死を受け入れさせている。若者たちが出撃していったのは、少女たちの命を護るためというよりは、逃れられない運命のもとでともに死に、再会するためであ

女高生の給仕で最後の朝食を食べる振武隊隊員（1945年４月１日、毎日新聞社提供）

った。

海軍少尉・林市造の葛藤と諦観

多くの隊員が残される親や女性を思いながらも、諦めを抱いて突入していった。その顕著なケースとして、林市造《はやしいちぞう》海軍少尉がいる。林は福岡出身、京大から一四期飛行予備学生となり、神風特攻隊・第二七生《しちしょう》隊員として一九四五年四月一二日に戦死した。享年二三。彼の日記や遺書は『きけ　わだつみのこえ』などの学徒兵遺稿集にも収められて有名だが、ここでは遺された母のことをどう思い、死への恐怖や葛藤から諦観へと転じていったのかを追ってみたい。以下、林の日記や手紙は加賀博子《かがひろこ》編『改訂版　日なり楯なり』による。

林の四五年二月二三日の日記は、遺される母についてである。「私にとっては、死は心残りのすることであっても、行くべき道であり、私の心は敵船上めがけての突込みには、満身の闘志にもやされるに違いない。／世の人にほめられる嬉しさもある。大君の辺に身を捧げた安心もあるに違いない。／けれども母にとっては私の死は最後でしかないであろう。／母のことを考えると私は泣くより仕方がない」。

特攻隊員としての任務を達成し、世間から賛美されることを期待しながらも、それは母には関係なく、嘆き悲しむであろうことを予想している。

同年三月一九日の日記は、死を受け入れようとしても受け入れられない、激しい葛藤のなかで「私は二、三月を出ずして死ぬ。私は死、これが壮烈なる戦死を喜んで征く。だが同時に私の後に続く者の存在を疑《うたご》うて歎《なげ》かざるを得ない。／世にもてはやさるる軍人も、政治家も、何と、薄っぺらな思慮なきものの多きことか。／誠《まこと》の道に適えば道が分るはず。まさに暗愚なる者共《ものども》が後にのこりてゆくを思えば断腸の思いがする」という。

愚かな指導者たちが生き残るのに、なぜ自分は死なねばならないのか。その無念を「喜んで征く」という言葉で受け入れようとしながらも、できないところに激しい苦しみがある。上官たちは自分も後に続くというが、とうてい信じることはできない。

その苦しみは、出撃の近づいた三月二一日になっても彼を苛《さいな》みつづける。


出撃の準備整《ととの》うてくるにつれて、私は一種圧迫される様な感じがする。耐えがたい。私は私の死をみつめることはとても出来そうにない。この一期に生きる。／安心《あんしん》立命《りつめい》の境地にたっしていない私には、ともすれば忘却の手段をかりて、事実を瞬間まで隠蔽させようとする。けれども今私は手段を選ぶべきではない。その瞬間までも求めて、ばたぐるわねばならない〔苦しくて暴れなくてはならないの方言〕。

「とうとうここまで来てしまいました」

林は一九四五年三月三一日、朝鮮の元山航空隊でこれが最後と思いながら書いたという母への手紙で、「母チャン、母チャンが私にこうせよと云われた事に反対して、とうとうここまで来てしまいました。私として〔は〕希望どおりで嬉しいと思いたいのですが、母ちゃんのいわれる様にした方がよかったかなあとも思います」と述べている。「母ちゃんのいわれる様にした方がよかったかなあ」との個所には、どこか諦めのようなものを感じる。このあと南九州の鹿屋基地へ進出する。

実際には、三月三一日の手紙は最後とはならなかった。林は鹿屋で母に三通の手紙を書いている。以下はその一通のなかの一節。

何だか夢のようです。明日は居ないのですからね。昨日でて征った人々が死んでいるとは思えません。／なんだか又ひょっこりかえってくるような気がします。お母さんも長らくあわなかったからそんな気がするでしょうね。でもあっさりあきらめて下さい。「死にし者は死にし者に葬らしめよ」です。後にたくさん人がいるのですから皆でたのしく暮して下さい。私達の中には、全然母一人子一人の者もいますよ。

林はキリスト教を信仰しており、日記や遺書もその教義にもとづき書かれた個所が多い。「死にし者は死にし者に葬らしめよ」という個所は、自分という死者と生きている人の間に線を引き、自分の世界に閉じこもった感を与える。つまり孤独の反映なのである。「あっさりあきらめて下さい」と諦観を固めた林にとっては、母親すらも、自分とは関係のない別世界の人になっていたようにみえる。それだけ深い孤独のなかにあったのである。

キリスト者である林は、天国での母との再会は信じていても、他の特攻隊員のような靖国神社での再会や、「後に続く者」の存在は信じていなかったろう。かくして林は四月一二日に沖縄へ出撃、戦死する。

3　孤独と諦め――一九四五年五月以降

足並みの乱れ

それでも林は母への手紙で、報道班員の写真撮影や連合艦隊司令長官からの激励を受けたことにふれ、「皇国の輿望《よぼう》を担っているのを思うと、数ならぬ身の光栄に誠に有難く感ぜられます／明日は確実に必死必中です」との決意を示していた。

林がこのような特攻死への決意を示して見せた背景には、森岡清美《もりおかきよみ》『若き特攻隊員と太平洋戦争』が指摘するように、沖縄への航空総攻撃に対する軍上層部の戦果誤認があった。

南九州の鹿屋基地で海軍の航空作戦を指揮していた第五航空艦隊司令長官・宇垣纏《うがきまとめ》中将は、一九四五年四月七日の日記に、特攻が大部分突入したとすれば敵に大打撃を与えたはずであるから「緊褌一番獅子奮迅《きんこんいちばんししふんじん》の勢《いきおい》を以《もっ》て上陸軍をはたき落すべし」、同月九日の日記には前日とあわせて六九隻の戦果を視認した、味方の陸上部隊が頑張り航空戦力が続けば、天一号作戦（沖縄防衛作戦）の完遂は疑いない、などときわめて強気なことを書いている（宇垣『戦藻録』）。

四月六〜七日にかけての日本軍航空総攻撃（海軍機五四七、陸軍機一八八、うち特攻機三〇三機）による実際の戦果は、撃沈破合計三四隻であったとされる（デニス・ウォーナー他『ドキュメント神風 下』）。日本側の見積もりよりは少ないが、当時としては大きな戦果である。このことが宇垣らを強気にさせた。

林ら特攻隊員は、こうした上層部の強気、高揚感に煽られながら突入していった。

ところが、宇垣と並んで沖縄航空作戦を指揮していた陸軍の第六航空軍司令官・菅原道大中将の日記は、沖縄へ出撃した戦艦大和が米軍機に撃沈されたとの報を受け「天号作戦の希望も大に減殺」され「海軍の計画は逐次《ちくじ》壊れつつあ」る（四月七日）、味方は一定の海域にいる敵を捕捉しながら攻撃をかけられないのに、敵は一挙に大和を沈めている、この差は哨戒《しょうかい》能力の差なのか、飛行機を敵に殺到させる能力の差にあるのか（同八日）と、弱気な記述がめだっている（偕行社編『菅原将軍の日記』）。

このように、沖縄をめぐる陸海軍の状勢判断はほとんど正反対といえ、足並みの乱れがめだっていた。それでも陸軍航空部隊は海軍に引きずられるかたちで沖縄への出撃をくりかえしていった。

しかし、あいつぐ陸海軍特攻機の突入にもかかわらず、沖縄の米軍が「はたき落」とされることはなかった。五月に入ると、陸海軍中央部は沖縄戦の行く末に見切りをつけ、新たに本土決戦の準備を始めていく。大本営陸軍部戦争指導班の五月六日の日誌には、

五月四日以来再興せる沖縄方面の海軍の総反撃は遂《つい》に六日に至り大損害を受けて失敗と決定す。これにて大体沖縄作戦の見透《みとおし》は明白となる。これに多くの期待をかくること自体無理　一旦上陸を許さば之を撃攘《げきじょう》は殆《ほと》んど不可能　洋上撃滅思想への徹底によ

り不可能を可能ならしめざるべからず　これ本土決戦への覚悟なり（軍事史学会編『大本営陸軍部戦争指導班　機密戦争日誌　下』）

とある。前述のとおりもともと陸軍は本土決戦重視で、沖縄戦はそのための時間稼ぎと考えていた。沖縄戦の教訓は敵に上陸を許せばその撃退は無理であり、あくまでも洋上で船ごと沈めねばならないというものだった、来たるべき本土決戦ではそのように努めねばならない、というものである。だが、沖縄で不可能だったことが、本土で可能だろうか？

同じころ、海軍の宇垣中将も五月八日の日記に、敵が沖縄本島に入ってすでに五〇日が過ぎ、艦船の損害にもかかわらず陸上は相当に強固となっている、わが陸上部隊の攻勢は不成功に終わり航空勢力も損耗して故障続出、この状況でどうするかはきわめて重要な問題だ、と書いている（宇垣『戦藻録』）。

味方は飛行機を消耗し尽くしてしまったのに、敵の米軍は地上に強固な航空基地を築いて、特攻機が狙うべき水上艦船は引き揚げてしまった。宇垣もまた内心では沖縄作戦の失敗を認めていたように読めるが、以後もなお、沖縄への特攻作戦を継続させた。

もちろんそのような上層部の動揺が特攻隊員たちに伝えられるはずはない。陸軍の下志津教導飛行師団が四五年五月に作った特攻の手引書『と号空中勤務必携』は「速度は最大

限だ　飛行機は浮く　だが浮かれては駄目だ　力一ぱい、押えろ押えろ　人生二十五年、最後の力だ　神力を出せ」と唱えていた（押尾一彦『特別攻撃隊の記録〈陸軍編〉』）。

特攻機は高速で急降下すると浮力が働き、狙った敵艦にうまく命中できない、だから操縦桿を力一杯押さえろというのである。特攻にもかかわらず戦況が好転しないことへの上層部のあせりが、このような単刀直入に過ぎるマニュアルを作らせたのかもしれない。

このような教えを聞かされながら、五月に入っても特攻隊員たちの突入は続いた。第五一振武隊員として五月一一日に出撃戦死した陸軍少尉・荒木春雄（二二歳、陸士五七期）は五月のある日、新婚一ヵ月の妻に宛てた遺書に「あれから一月経った。楽しき夢は過ぎ去って明日は敵艦に殴り込みヤンキー道連れ〔に〕三途〔の〕川を渡る。／ふりかえれば、俺は随分、お前に邪険だった。／邪険にしながら、後で後悔するのが癖だ。許して御呉《おく》れ。／お前の行先、長き一生を考えると断腸の想いがする」と書いている（知覧高女なでしこ会『知覧特攻基地』）。

「ヤンキー」すなわち米兵の命を一人でも多く奪うという軍人としての使命をわきまえつつも、一人遺される妻の行く末を思うと「断腸の想い」がするという。だが荒木は妻に「俺の亡き後、俺に代って父上に尽くしてくれ」ともいう。現代の価値観であれば誰かと再婚して幸せになってくれというかもしれないが、家制度のあった当時は、家に残って父と暮らしつづけるよう求めている。

孤独と諦めの念をひそかに強めて出撃した隊員もいた。五月一一日、神風特別攻撃隊・第五筑波隊員として出撃戦死した海軍少尉・諸井国弘（二二歳、国学院大、一四期予備学生）は五月六日の手紙で、「現在の心境神様のみ御存知です。毎日家の夢を見ます。もうきっと魂は家に帰っているのかも知れません」（海軍飛行予備学生第十四期生会編『続・あゝ同期の桜』）と書いている。周囲の誰も心境を理解してくれず、死ねば懐かしい家に帰ることができる。それだけが心の支えだったのか。

「必死の諦観」

一九四五年五月に入っても突入への堅い決意を口にした隊員もいた。第五六振武隊員として五月一一日戦死した陸軍少尉・朝倉豊《あさくらゆたか》（二四歳、日大、特操二期）は五月九日、母に宛てた遺書に、「この決戦には選ばれし陸軍特別攻撃隊の一機一艦必中必殺、魂の突撃あるのみであります。魂の突撃、撃突に刃むかう一の米艦船は存在いたしません。これを轟沈させますのが、私の貴い任務であります」と書いている（木村編『天と海』）。

一見、諦めとは無縁の、確固たる決意のようだ。だが、朝倉はそのあとに「尚《なお》戦果不明と聞かれましても、豊は必ず轟沈したと信じて下さい。誠に誠にありがとう御座いました」と書いている。特攻機にじゅうぶんな戦果確認機をつけてその効果を視認、報告することができていなかったのである。

先に、戦果を確認してもらえないのでは「犬死」ではないかと激しく口論した特攻隊員のことを書いたが、朝倉が出撃する時点の特攻は、自分の挙げた戦果が味方に伝わらないという意味で「犬死」と化していた。朝倉はそれを知っているからこそ「必ず轟沈したと信じて下さい」と言っている。これは、一種の諦めといえるのではないだろうか。

実際、特攻隊員たちは夜間の出撃ゆえ味方に戦果を目視、確認してもらえないまま突入していった。海軍神風特別攻撃隊・琴平水心隊《ことひらすいしん》は、五月二八日の最後の突撃にあたり「〇五〇八　敵戦闘機の追躡《ついじょう》を受く我れ今より突撃に転ず戦艦に体当りす／天皇陛下万歳、水心隊万歳／戦艦に体当りす――長符」との電文を基地に打った。

水心隊は水上離着陸用のフロートを付けた、鈍重低速の水上偵察機で編成された特攻隊である。引用したのは第三回出撃機の発した無電記録で「最後の長符――は、特攻機が敵戦艦に体当りするとき電信員が、無線電信機の電鍵を叩きっぱなしにして突入するので長符音を発信する。そして、長符音が途絶えたその瞬間をもって全員戦死の時刻とした」という（宇野浩一「役に立たなかった遺書」小池猪一編『海軍予備学生・生徒　第三巻』）。さらにいえば、無電機を積まないまま出撃していった特攻機も多いという。

このころには特攻隊員にとって重要だった「死のコンボイ」の維持も難しくなっていた。生き残った特攻隊員の陸軍少尉・深川巌は四五年五～六月のある日、特攻機が足りないとか一個隊の編成ができず、バラバラに出撃したとかの情報が入って来るなかで、部下の板東伍長に「隊長殿、若《も》しも自分の飛行機が故障の時は、隊長機の胴体に入れて下さい。一緒に行きます」と言われたと回想する（陸士五七期航空誌編集委員会編『陸士五七期航空誌 分科編』）。

もはや固有編成の特攻隊としてともに死ぬことすらできそうにない状況下、年少の板東は「純粋で少しのこだわりも見せないが、彼は彼で必然の死を前にして、悩み、そして苦しみもあったであろう」。胴体に入れてくれという発言は、そのなかで固められた「必死の諦観」によっていた。特攻隊員たちの諦めは自然にではなく、「必死」に得られていた。

「すべては崩壊する」

一九四五年五月以降、多くの特攻隊員が、孤独や絶望というよりは怨恨の気持ちをはっきりと書き遺して出撃していった。五月一一日に沖縄で戦死した第五六振武隊員・陸軍少尉の上原良司《うえはらりようじ》（二二歳、慶大、特操二期）は前日の遺書「所感」に「明日は自由主義者が一人この世から去って行きます。彼の後姿は淋しいですが、心中満足で一杯です」と書いている（以下、上原については上原著・中島博昭編『新版 あゝ祖国よ 恋人よ』を参照）。

上原は一九二二年、長野県で医師の家に生まれた。大正の自由主義と、昭和の国家主義の両方の空気を吸って育った人である。年下で遠縁の神村みえ子はその人柄を「まじめで、非常に清潔な青年、そしてきれる」と評している。

上原には石川冶子《いしかわきようこ》という初恋の女性がいたが、彼女はすでに婚約しており、自分はいずれ軍隊に入って戦死する身であったので、諦めざるをえなかった。

その上原が死に際して「心中満足で一杯」と書いたのは、彼が学生時代を通じて信奉した「自由主義」が「権力主義、全体主義の国家」を打倒すると確信しているからである。その打倒される国家のなかに祖国日本も含まれているのは、「自己の信念の正しかった事、この事はあるいは祖国にとって恐るべき事であるかも知れませんが、吾人《ごじん》にとっては嬉しい限りです」という個所からわかる。

つまり、日本は負けて恐ろしいことになるだろうが、それは自分の知ったことではない、むしろ喜ばしいというのである。死が喜ばしいのは、すでに二一歳の若さで病死していた冶子と天国で再会できるからでもある。この再会こそが、彼にとっての死にがいである。

たしかに上原は同じ遺書で「願わくば愛する日本を偉大ならしめられん事を、国民の方々にお願いするのみです」とも書いている。だが、本土決戦で国が滅ぶというのに、日本はふたたび偉大になれると本気で信じていたのだろうか。そこまで国民を信頼していたのか。

もしかしたらこの遺書は、上原の孤独感や絶望というに止まらない、国民をも対象とした怨恨や報復感情の表れではないだろうか。特攻隊員の遺書を読むにあたっては、その多くが八月一五日の降伏による平和と自由、民主主義の訪れという〝結果〟を知らずに死んだ、二〇代前半の若者によって書かれていることを忘れてはならぬと思う。

飛行第二〇戦隊の陸軍少尉・及川真輔《おいかわしんすけ》（二八歳、中央大、幹部候補生九期）は六月六日台湾から沖縄へ出撃し、戦死した。五月二九日の日記に「絶筆」と題して「敵の物量補給更に逞《たくま》しく、吾《わ》が獲物何処《いずこ》に今は遊弋《ゆうよく》するや。明夕辺《あた》り攻撃に征くものならざるや。命令ありて以来思えば大部長くなりしものなり。／敵艦発見!!　突入!!　成功、只管《ひたすら》に思うその状況、母上の姿、宇部《うべ》の母上の姿、思い出されることの一切も今生《こんじょう》の名残《なご》り、愈々《いよいよ》絶筆の時来れり」と書いている（下野清編『慶良間の海に』）。

五月末ともなれば、特攻が米軍の「物量補給」を覆すに至らなかったことは、すでに明白だった。では自分の死が何になるのかは考えても詮ないことだから、ひたすら突入成功の場面と母の姿を頭に思い描く。だが、突入までの残り八日間、何を考えていたのだろう。そこにこそ特攻の現実があると思う。つまり、ほんとうの特攻の現実は遺書や日記の余白にあり、我々には決してうかがい知ることができないのだ。

突入に安堵する

突入の刹那《せつな》における特攻隊員の心理を教えてくれるのが、一九四五年四月一七日、沖縄近海の米空母への突入寸前に乗機「銀河」を撃墜され、米軍の捕虜となって生還した元海軍特攻隊第八銀河隊員・鈴木《すずき》勘次《かんじ》二等飛行兵曹（一九二五年生、第一二期甲種飛行予科練習生）の手記である。

鈴木は突入寸前の心境を「考えていたほどの恐怖も、忍《しの》ぶに値《あたい》しないもののように思えた。そのときやっと肩の荷がおりた、と思った。もうこれ以上は嫌だ。でも間に合った。これでいいのだ」「安堵の気持」と説明している（鈴木『虚しき挽歌』）。

鈴木が突入に安堵感を持ったのは、出撃までの基地待機期間が長く、その間同期生や上官の戦死の知らせがつぎつぎと入ってくるという「毎日が不安と恐怖でさいなまれていた」状態からの解放だったからである。彼に言わせれば、沖縄戦の特攻隊員は「『一機一艦を屠《ほふ》る』この作戦こそ最上であると考えていた、『特攻』初期の隊員とは異なり、戦争の後半に、大量生産によって生まれた航空隊員」であった。

さらに、待機中の周囲の人びとについて「いつも、相手が本当に同情してくれているものだと思っていたのは、じつは単なる愛想にすぎなかった――にがい経験が度重なっていた」と書いているように、鈴木もまた生きながらの死者として、周囲の人とは決してわかり合えない孤独のなかにいた。出撃は、その長く深い孤独からの解放でもあった。

鈴木は突入の瞬間について、これで「自分の戦争は終わったのだ」と思ったとも述べている。たしかに生きながら死者となった特攻隊員にとっては、生者たちの続ける戦争はあずかり知らぬ話である。

五月末に福島県原町《はらまち》飛行場から鹿児島県万世《ばんせい》基地に向かい、六月一一日に沖縄へ出撃した陸軍特攻隊・国華隊の隊長・渋谷健一大尉は、二歳の娘ともうすぐ生まれてくる我が子のために遺書をしるし、「戦い勝てても国難は去るにあらず、世界に平和のおとずれて万民大平の幸を受ける迄《まで》懸命の勉強をする事が大切なり」と諭した（八牧美喜子『いのち』）。

一見して戦後をみすえた感動的な遺書だが、渋谷はその前に「真に今は皇国危急なり、国の運命は只《ただ》一つ航空の勝敗に決す、翼破るれば本土危《あやう》し、三千年の歴史と共に大和民族は永久に地球上より消え去るであろう」、「死せず共《とも》戦に勝つ術《すべ》あらんと考うるは常人の浅墓《あさはか》なる思慮にして、必ず死すと定まりてそれにて敵に全軍総当りを行いて尚且《なおかつ》現戦局の勝敗は神のみ知り給《たま》う／真に国難と謂《い》う可《べき》なり」と書いている。つまり戦に負ければ大和民族は地上から消滅してしまう、自分は「決戦の先駆《さきがけ》」として特攻死するが、それでもなお勝敗は「神のみ知り給う」ことでわからない、というのである。

問題は、突入時の渋谷が日本の最終的な勝利を確信できていたかどうかである。その確信は、六月一一日段階の沖縄の戦況という冷厳な現実の前に失われていたのではないだろうか。ほんとうのところでは、渋谷にとって妻子の行く末は考えたくない、いな考えてはならないことではなかっただろうか。

渋谷は子どもたちに「父は死にても死するにあらず悠久の大義に生るなり」ともいうが、それも日本民族が消滅してしまえば語り伝える人もいなくなってしまう。そうだとすれば、この遺書から感じとるべきは、将来への希望や感動ではなく絶望である。

「私はおとぎの国へ行きます」

海軍少尉・林尹夫《はやしただお》（二三歳、京大、一四期飛行予備学生）は、一九二二年東京生まれ、京大で西洋史を専攻していたが、学徒出陣で海軍に入隊した。兄の克也によれば「静かであるが暗さはなく、心温い青年だった」という（以下、林については、同『わがいのち月明に燃ゆ』を参照）。

林は一九四五年六月のある日の日記（「断想」）に、

お気の毒だが　私はもう
あなた方とは縁なき者なのだ
我らと mitleben（生を共に）しうる者は
今年の夏まで
生きぬ者に限られるのだ
そして　それ迄に
死ぬべく運命づけられぬ者は
我らと mitleben しうる
権利を持ちえないのだ

かつて存在した人間関係は
すべて深い溝で切断され
我ら　もはやなんの繫りも
持ち得なくなっている

親しかりし人々よ
あなた方はいま
いったい生きているのか
それとも　明日の再建をひかえて
生命の源泉を培《つちか》っているのか

だが
現在の生なくして
なんで明日の生が
存在しえようか

すべては　崩壊する
日本に終末がくる
あの　タブー
カタストローフよ

という詩を書いた。林は七月二八日、九州南方海面での夜間哨戒中、敵戦闘機に撃墜され戦死する。特攻隊員ではない彼を本書でとりあげるのは、最後となった出撃の前に、飛行高度を米艦隊のレーダーに比較的探知されづらいうえ、敵機に見つかった場合も雲中に逃げられる三〇〇〇メートルにしてはという戦友の勧めを拒絶し、より確実に敵を探知できる六〇〇〇メートルにとったからである。

林の死は、遅かれ早かれ自分も、自分を死に追いやる祖国日本もともに、一億特攻で確実に「終末」を迎え滅ぶのだ、という絶望感を抱えながらの死であったと思う。

こう書くと、林は同じ「断想」の前のほうで「オプティミズムをやめよ／眼をひらけ／日本の人々よ／日本は必ず負ける／そして我ら日本人は／なんとしても　この国に／新たなる生命を吹きこみ／新たなる再建の道を／切りひらかなければならぬ」と書いているではないか、との反論があるだろう。確かにわれわれの知る〈戦後〉を正確に予見していたかのようだ。だが、「すべては崩壊する」というのに「再建」などあり得るのだろうか。

戦後の日本人は、前出の上原良司や林の遺書を、戦後民主主義の魁《さきがけ》として高く評価してきた。我々の手で自由で民主的な世の中にしなくては、彼ら死者に申し訳が立たないというのである。だが、本人たちにとってみれば、大事なのは死後の世界であり、生者の世界は付け足しのようなものだったのではないか。そこを無視して彼らの〈戦後〉観を持ち上げるのは、彼らを都合よく利用しているに過ぎない。これは、彼らが利己的な精神の持ち主だったというのではない。そもそも生者と（生きながらの）死者とでは住む世界が違うのであるから、止むを得ないことである。

死後のことは（肉親についても含め）知らない、という特攻隊員の突き放した考え方は、終戦直前の八月九日、神風特別攻撃隊・第七御楯《みたて》隊第二次流星隊員として銚子沖に出撃戦死した海軍中尉・林憲正《はやしのりまさ》（二五歳、慶大、一三期飛行予備学生）の七月三一日付遺書からもうかがえる。

父上、母上初め兄弟姉妹、その他親戚知人の皆様、さようなら。／御元気でやって下さい。／私は今度は「アンデルセン」のおとぎの国へ行ってそこの王子様になります。そして小鳥や花や木々と語ります。／大日本帝国よ、永遠に栄えんことを。（白鷗遺族会編『増補版　雲ながるる果てに』）

林が王子様になるといったのは、五月二七日の日記に「アンデルセン童話集を読む／月の光のような世界。花や小鳥が語る世界／こんな世界は単なる空想の世界ではなく、私達がいつか生れ変る世界である／私は楽しかった」と書いているとおり、童話を読んだからである。これは空想の世界への逃避である。

「七生報国」のかけ声や靖国神社、さらには来たるべき本土決戦、一億玉砕とそこでの家族たちの運命すらも、もはや林の関心の外である。

海軍少尉・杉村裕の〈戦後〉

「一億総特攻」の時代を生きた多くの特攻隊員にとって、降伏や敗戦は完全に想定外のことだった。だが、そうともいえない隊員もいた。海軍少尉・杉村裕《すぎむらゆたか》である。

杉村は一九二三年生まれ、四三年に学徒出陣で東大法学部を仮卒業した。同年一二月九日に海兵団入団、航空兵に編入されて特攻隊員となった。

杉村の日記は学徒兵の遺稿集『はるかなる山河に』や『きけ　わだつみのこえ』などに収録されて著名であるが、一九四七年に東大剣道部の友人たちが遺族と編んだ追悼録『杉村裕君追悼文集』（非売品）を入手したので、彼の死に至る背景がより詳しくわかるようになった。

杉村の日記もまた、特攻による死の意味、いわば死にがいの模索であった。しかし、彼にとってはアメリカと戦争すること自体が愚策であった。四五年五月一二日の日記には、

「アメリカ的なるもの――莫然《ばくぜん》と斯《こ》う呼ぶ――は確かにプレザント〔pleasant〕だ。快適である。生活の快適であると言うことは人の心を容易に捕えて離さない」とある。このアメリカ的な「生活の快適」は、例えばフィリピンなどで日本的なものより歓迎されやすい、そのことを日本人はよく考えねばならない、「日本人が日本古来の伝統を振りかざして余りにも狭量に、余りにも排他的に余りにも独善的に他に対することを反省」しない限り、「東亜共栄圏の完全なる成立」は望めないのではないか？　とある。

日本がこの戦争に掲げた大義は、アジア諸民族を米英の支配から解放することだった。しかし、日本の「東亜共栄圏」思想は「快適」という米国の価値観を超えて国際的な支持や共感を得られるのか、という疑念である。それは、自分の死の意義への疑念に直結していたはずである。杉村は、アメリカの政治が「各人の生活をカムファタブル〔comfortable、快適〕にすることを当然責任とする」のに対し、日本の「為政者は、己《おの》れの愚鈍から斯《か》かる理想に遠いのを糊塗するためにことさらに精神主義を振りまわした嫌いがあるのではないか？」と批判する。そして「偏見に捕われずにアメリカ的のものの長所に目を向けることをせぬと吾《わ》が国も決して長くはないと俺は思う」と独りごちた。

杉村にとって、日本的な「精神主義」は、指導者たちがその愚鈍を隠蔽するために唱えたものに過ぎない。海兵出身士官の振り回す精神主義になじめない杉村には、かつて大学で親しんだ米国的な合理主義があらためてまぶしく思えたのである。彼が毎日受けていたのは、その指導者たちのいうがままに、理想国家の国民である米軍将兵を一人でも多く殺すための苛酷な訓練であった。これでは、特攻による死にがいを見いだすのは難しかっただろう。

最後の別れ

一九四五年六月、杉村は三泊四日の休暇をもらい、二九日に母親や妹たちの疎開先である新潟県柏崎《かしわざき》を訪れた。杉村は、駅での最後の別れの様子を日記に記している。このとき母は杉村に「特攻隊に行く人は本当に新聞に書いてある様に喜んで行くのか聞いてくれと誰かが言っていた」と言った。杉村は「一寸《ちょつと》憤慨した。少くとも私は喜んで行きます。それがお国のためと思うから、それが日本人としてのつとめであると思うから」「このしっとりして別れるのが良いのだ」と書き、自分がその特攻隊員であるとは最後まで言わなかった。

本書第一部第一章で、特攻開始当初の国民は報道を通じて、特攻隊員を神とあがめていたと述べた。しかしこの母親の問いは、特攻が日常化するなかで、特攻美化神話への疑惑が一般社会に広がっていたことをうかがわせる。杉村は少なくとも自分はお国のため喜んで行く、と答えることで、暗にその疑惑を肯定している。翌日の六月三〇日、杉村は軽井沢へ向かった。好きな女性に会うためである。

Sさんはかえって来てくれなかった方がよかったと云った。「あなたは残酷よ」と云った。テニスだけでおしまいだったらこんな悲しい目に会わなくてよかったのにと云った。或《ある》いはそうであったかもしれぬ。俺は方々に唯《ただ》悲しみをまいて歩く男なのかもしれぬ。／別に話すこととてないが、そこに何時間いても同じことだが余りにも早く時が流れた。七時六分の予定を八時二十二分に変更して徒歩駅に向う。途中Sさんと一つ傘に入って、並木道を歩いた。楽しかった。時の立つのと、駅の近づくのが残念でたまらなかった。／霧のたれこめた山、赤川根の白い家、ずっと続く並木道、そば〔ぼ〕ふる雨、そして傍にいる人の存在感。俺は抱きしめて接吻《せっぷん》したいという欲望と強く戦わねばならなかった。しかし、やはり自然に心の声の命ずるままに振舞った方がよかったのではないかと之を書いている今、残念だ。

杉村も彼女も、これ以上の関係の深化は互いのためよくない、と諦めていた。

『杉村裕君追悼文集』に収められた父親・杉村愛仁《よしひと》の回想によると、杉村は同じ三〇日、東京在住の父親にも会いに行ったが、不在で会えなかったという。しかし翌七月一日、杉村の部隊が北海道へ転進の際、上野駅で一時解散となった時間を使い、日本橋の父の会社を訪れた。

その時杉村は「落ち付いた平然たる姿」であったが、父が「特攻の命令が出たのか」と聞くと言葉を濁した。それでも父はこの時、冷静に息子の門出を送りだせたと書いている。それは「真に国家興亡の重大関頭〔岐路〕に在って自分としても何時《いつ》死ぬかも知れぬと云う気持と一億国民悉《ことごと》くが祖国防衛の犠牲となると云う覚悟があった」からだという。

「最後に死ぬのは馬鹿臭い」

杉村はこの休暇中、汽車のなかで日記に「俺の特攻隊に行くに際しての心理状態。／俺の生活の目標は、立派な人間として生きようと云うことであった。更に具体的に云えば、立派な日本人として生きようと云うことであった。そして俺はそういう理想に一歩でも近寄ろうと努力する事を限りなく尊いものとみた……私は唯立派な日本人として生きたいと思う。結局、ただそれだけなのだ」と特攻死への覚悟を記している。今までの学問は惜しいが、その過程にこそ価値があり、けっして無駄にはなっていない、ともいう。

杉村は米国的合理主義や学問への憧れ、自国指導者への批判を抱き続けながらも、最後の瞬間まで「立派な日本人として生き」ることに死にがいを見いだそうとしていた。しかし、どこかで「もう暫《しばら》く生きていたいと云う気持」を捨てきれなかった。

生きていたいと思う理由の一つは「どんなにつらくとも、どんなに苦しくとも生きていたいという生物に与えられた本能」ゆえである。もう一つは「もう暫くこの世にあれば、何か面白いこと、快ニュースがあるだろう。ヒョットして俺が今度の戦争で死んだ最後の一人になっては馬鹿臭いという気持」ゆえであった。

杉村はどこかで、もうすぐ戦争が終わるのではないかと予感していたようだ。以下はあくまでも推測である。杉村の父・愛仁はもともと東大法学部卒の農商務省官僚で、宮内省退官後の一九四一年、木材統制のため設立された日本木材会社の常任監事になっていた。七月一日、息子と最後に会ったときの役職は不明だが、直後の「七月七日海軍側より出て居る重役の理不尽なる言動に遂に堪忍袋の緒を切って卓を叩いて叱咤論争し憤慢〔懣〕の余〔り〕即刻主務官たる農商省の松根油課長に辞意を表明し其後出社せず」と回想している（『杉村裕君追悼文集』）ので、戦争指導体制の中枢とまではいえないまでも、かなり近いところにいたのは間違いない。

そのような立場にあった父は、最後の対面の際、口では祖国防衛の覚悟を述べつつも、和平につながりそうな何らかの情報を息子に伝えたのではないか。二人とも、この戦争さえ終わって平和が戻れば、東大法学部卒業生として日本の再建に活躍する機会は多く、幸せな結婚もできると思っただろう。そのことが杉村にほかの隊員たちとは異なり「俺が今度の戦争で死んだ最後の一人になっては馬鹿臭いという気持」を抱かせたのかもしれない。そうであるなら、「快ニュース」とは日本の降伏にほかならない。

しかし、杉村がその眼で日本の〈戦後〉、すなわち降伏と復興をみることはなかった。七月一〇日、北海道千歳《ちとせ》基地での急降下爆撃訓練中、引き起こしに失敗して地面に激突、殉職したからである。六歳の男児、二一歳の女子挺身隊員、一九歳の男子挺身隊員(年齢は全員数え年)の三名が巻き添えとなって死亡した(藤井貞雄編『千歳特攻隊始末記』)。

この事故は、部隊が訓練目標を市街地ど真ん中の千歳郵便局に設定したための惨事であった。杉村も他の三名も、もう少しだけ生きていれば平和が訪れ、それぞれに新たな人生が待っていたはずである。どうにもやりきれないとしか言いようがない。

小括

沖縄戦は、日本軍にとって一撃講和を実現させる事実上最後の機会であった。そのため多くの特攻隊員が出撃していった。特攻隊員として「大量生産」され生きながら死者となった彼らは、周囲の生者たちと深く断絶した、孤独のなかにあった。彼らにとって、特攻死はその孤独から解放される唯一の手段であったかもしれない。この点は、フィリピン戦当初の特攻隊員たちと大きく異なる。

戦局はしだいに絶望的になっていく。そのようななかで出撃していった隊員たちの遺書には、生者に対する孤独を越えた怨恨や、無関心のようなものがにじんでいるように思えてならない。

第二部　一般国民と特攻

第一章　国民は特攻をどう見ていたのか

1　熱狂と冷淡

「魂の力じゃ」

第二部では、特攻隊員たちの犠牲を内地の指導者や一般国民がどう見ていたのかについて述べる。特攻には国民の士気高揚策の面があるので、国民が特攻を支持している限り特攻は続く。しかし国民が特攻に関心を失ってしまえば、特攻も戦争自体も終わるのである。

特攻隊員たちが死なねばならなかった理由は、直接の原因は、陸海軍が戦線のはるか後方にいて戦闘とは直接関係ない国民の戦意を重視し、海軍においては「神風《しんぷう》」の名を冠する体当たり戦法の採用に踏み切ったからである。それはなぜなのか、という本書「序章」で示した問いに答えるのは、ある意味簡単である。それは、一撃講和による戦争終結に必要不可欠な飛行機を内地の工場で作っていたのは少数の軍人と多数の一般国民であり、その国民の多くが〝神風《かみかぜ》〟の到来と戦局挽回を待ち望んでいたからだ。

一九四四年に入ると、国民のあいだから体当たり攻撃や〝神風〟による一発逆転を待望する声が表面化してきていた。

たとえば右翼の巨頭として著名な頭山満《とうやまみつる》は、四四年二月、米軍によるマーシャル諸島来襲の報をうけ、同月六日の『朝日新聞』で「物からいえば、日本は金でも機械でもアメリカには寄りつけぬかも知れん、しかし物は少くともその足らぬを補って余りある力を日本は持っとる、魂の力じゃ」、「わしら日本人はこの機械力に人雷をもってぶつかればよいのじゃ」と述べている。

「人雷」は爆弾を抱えての体当たりと解釈できる。マーシャル諸島は第一次大戦で国際連盟から得た委任統治領であり、当時は日本領土との認識が一般的だった。いよいよ敵が我が領土の一角に手をかけてきたとの衝撃が大きかったがゆえに、このような放言が出たのである。のちに神風特攻として具現化する体当たり攻撃待望論の先駆といえる。

当時の憲兵や警察が取り締まっていた「流言」(噂やデマ)の報告書からも、このころの国民のあいだに「神風」の到来、戦局挽回を願う空気があったことがわかる。

たとえば四四年六月一四日、奈良で勤め人風の人が「東京の品川沖合に敵機十数機が来襲したが神風が吹いて大部分撃墜された、二機丈《だけ》が撃墜されずに残っていて再度空襲の為向う途中東京湾で撃墜された、日本は神国だから空襲など差程《ママ》心配する必要はない」と語っていた(南博編『近代庶民生活誌 第四巻 流言』)。

この話は飲食業男性（四七歳）が駅で聞きつけて警察官に通報したものである。報告書には、所轄署で賞詞を与えて他言しないよう諭示し、流布させた者を捜査中とある。

日記にみる神風待望論

神風を待ち望む国民の空気は、当時の人びとがつけていた日記からも読みとれる。たとえば、埼玉県与野《よの》町（現・さいたま市）の名望家、町長の井原和一《いはらわいち》が一九四四年九月一六日の日記に書きつけた戦意高揚演説の案には、国民の神風待望論への言及がある。井原は次のように銃後国民の戦争に対する態度を批判した。

国民の内には、戦況が此《か》く危急なる現況を充分理解せずして、此《こ》の大戦争を政府のみの戦争なりとし、又は軍部のみの戦争なりとして傍観的態度の人々が少くないのであります……此の様な人々は何時《いつ》かは神風が吹いて戦争を有利にしてくれそうなものだと、努力せざる依頼心を以《もっ》て頼むべからざる神頼みをなし、当局の政策・計画等にも協力せんとせずして批判的に立つことは当然であります。（与野市教育委員会市史編さん室編『与野市史　別巻　井原和一日記Ⅴ』）

井原は一億国民がこうした依存心や傍観的態度を捨て愛国心や戦争意識を高めたときにはじめて「我国には自然に神風が吹き、天佑も神助も起りましょう。戦争の勝利は自《おの》ずから我国のものとなる」と訴えた。

この演説は、大政翼賛会《たいせいよくさんかい》（当時の政党に代わる国民動員組織）埼玉県支部の会議で県民の戦意高揚のためおこなわれる予定だった。国家の中間指導者として地域をまとめる立場にあった井原は、国民の戦争に対する無関心や倦怠《けんたい》感、そして劣勢を一発逆転する何かとしての「神風」を待ち望む強い空気を見てとっていたのである。

井原は県民の「神風」待望論を批判しているが、本人もどこかで「天佑」や「神助」を期待していたようにみえる。だが当時の日本には、そのような「神頼み」の精神論を批判し、戦争の勝敗は飛行機とその「量」でしか決まらないのだ、というじつに明快かつ即物的な主張をする人もいた。

たとえば、四四年三月一四日、大阪の丸山航空工業株式会社社長・丸山清吉という人は『毎日新聞 戦時版』に今でいう意見広告を出し、次のように絶叫している。

精強無比なる皇軍将兵の死闘によって闘いとられた戦史未曾有《みぞう》の大戦果に狎《な》れて徒《いたず》らに神風を期待する心はすでに一億の戦列から脱落している者である――戦いの最後の

帰趨《きすう》は飽くまでも量の優劣によることを深く認識せよ！われらの使命は只一ツ現戦局が要請する戦力増強に全心〔身〕全霊を捧げて前線の勇武に応えるのみ

丸山の叫びは、戦争中の日本では精神力ばかりが重要視されていたという我々の先入観を正してくれる。当時の日本では、戦争は飛行機の「量の優劣」でしか決まらない、だから一億挙げて飛行機を作れという、じつに合理的な正論も唱えられていたのである。彼にとって「神風」を待ち望む者は「一億の戦列から脱落し」た愚か者に過ぎない。

国民への協力要請

では、軍のほうはこの国民に広まった「神風」待望論や、飛行機増産論をどうみていたのだろうか。

軍にとって大事なのは、「決戦」の鍵となる飛行機を国民に一機でも多く作ってもらうことだった。飛行機は国民の労働力、税金や国債、供出する物資なしには作ることができないからである。

戦後の米軍の調査は、戦争末期に日本の航空工業全体で働いていた人びとは一五〇万人を超えたとみる。その大多数は「高校生と肉体的には水準以下の大学生、更に他の産業から転業して来た労働者」であった。一九四四年の陸海軍現役軍人数が五三六万五〇〇〇人、四五年のそれが七一九万三二二三人であったのと比較すれば、決して少なくない数の国民が飛行機増産のために働いていたのである（アメリカ合衆国戦略爆撃調査団編『日本戦争経済の崩壊』）。

戦争中の日本の航空機生産数には諸説あるが、四二年度九四九二機（陸海軍合計、以下同じ）、四三年度一万七七五一四機、四四年度二万六七七五機と上昇を続けていた（防衛庁防衛研修所戦史室編『戦史叢書　陸軍航空兵器の開発・生産・補給』）。この数字に軍と政府、そして国民の努力の跡をみないわけにはいかないが、米国の圧倒的な工業力（一九四四年の航空機生産数一〇万七二五機）に対抗するにはとうてい不足であった。

そこでサイパン陥落後の軍は、国民にさらなる飛行機増産への協力を訴えた。先に登場した大西瀧治郎中将は、四四年一〇月に第一航空艦隊司令長官となってフィリピンで特攻作戦を指揮する前は、軍需省航空兵器総局総務局長という地位にあった。航空兵器総局は陸海軍航空兵器生産の一元化、合理化のため設置された部局である。そのトップである長官に陸軍の遠藤三郎中将が、その下の総務局長に大西が、それぞれ陸軍と海軍を代表して就任した。

大西は、国民に飛行機増産への協力を訴えるため四四年五月に発行されたパンフレットの「今こそ元寇《げんこう》の秋《とき》」と題する節で、「私共《ども》は航空機生産の責任を今更《いまさら》諸君に転嫁しようなどとは毛頭考えておらない。私共自身で出来ることは生命を賭して遂行する」、だが「国民全体が各自航空機生産の責任を分担したつもりで、努力し協力して貰《もら》わなければ到底この大事業は完遂出来ない」と訴えた（大西瀧治郎述『朝日時局新輯 航空機増産 血闘の前線に応えん』）。

国家の危機という意識を煽るために「元寇」の名を出しながら、「神風《かみかぜ》」にはふれていない。それは、国民のあいだに他人任せの消極的な「神風」待望論をこれ以上喚《よ》び起こさせまいという配慮もあったのかもしれない。

大西は政府発行の広報誌『写真週報』でも「飛行機の緊急増産は、上は総理大臣から下は国民学校のヨイコまで、一億が死物狂いで努力してはじめてなしとげられる大仕事であって、特に国民の協力をお願いしたい」と、国民により明快なメッセージを送っている（「飛行機増産へ 一億一致」『写真週報』三三五、一九四四年八月二三日）。

これらの記事を大西本人が書いたかはわからない（大西が「ヨイコ」などという言葉を使うとは思えない）が、それは些末《さまつ》なことだ。重要なのは軍が公の媒体で国民に頭を下げて航空機増産への協力を頼み、「私共自身で出来ることは生命を賭して遂行する」とまで断言した点である。

大西の叫びは、単なる精神論のかけ声ではなかった。大西は前掲『写真週報』の記事で「職場を欠勤して賃金の高い自由労働に奔《はし》り、工場の能率の低下をかまわず不当利得を稼ぐもの」などの不当行為を具体的に挙げ、「正にその罪、死に値いする」と断罪しているからである。

大西はフィリピンの前線で「特攻に反対する者は斬る」と叫んだり、終戦直後に割腹自決という壮絶な最期を遂げたことなどから、ファナティックな精神の持ち主という印象が強い。だが、彼が軍という精緻な官僚機構の、それも中枢部の一員であったことを忘れてはならない。その軍が推し進める戦争は、国民の協力抜きには不可能である。特攻作戦開始前の大西は、海軍のいわば広告塔として名前を出し、一億国民に頭を下げて協力を「お願い」する役回りを演じていたのだ。

その大西が指揮するかたちではじめられた海軍の「神風《しんぷう》」特攻は、丸山の唱える「戦争は飛行機の量で決まる」という正論と、国民の抱く「神風《かみかぜ》」待望論のちょうどあいだを取るかたちで、軍みずから「神風」を吹かせ、国民の協力を得るためにはじめられた。そこに従来避けてきた「神風」の名をあえてつけたのは、追い詰められた軍の、国民に対する媚態《びたい》といえる。

一億玉砕への賛否

軍人たちは、一九四四年一〇月末の航空特攻作戦開始以前から一般国民に向かい、日本が勝つには一億の日本人が「玉砕」覚悟でアメリカ人の命を奪いつづけるしかないと絶叫していた。これは、特攻隊員のみならず、一般国民にも体当たりへの覚悟を求めるものである。例えば、海軍省人事局第三課長の海軍大佐・伊藤《いとう》清六《せいろく》は四四年九月に発行された海軍の宣伝雑誌で次のように訴えている。

> 日本民族が厳然としてある以上、絶対に敗けるものでない。近い例が、あのマキン、タラワ〔ギルバート諸島の島、一九四三年一一月に米軍が占領〕で敵がどれくらいやられたかを見よ。此方《こっち》の玉砕部隊の五倍はやられている。彼我の人口を対比して見れば、我は一億、彼一億三千万、仮りに五倍ずつやっつけたとすれば、彼の一億三千万をやっつけるのに、どれだけ要るか。三千万で足るわけである。三千万玉砕するつもりならば、彼の全部をやっつけて、なお此方には七千万残るではないか。（伊藤「優秀なる若人よ、来れ」『海軍報道』一―六）

むろん、この時点では本土決戦や玉砕がにわかに起こるとは考えられていなかった。一般国民に求められていたのは、一億玉砕の覚悟を固めるために女性や子どもも動員しておこなわれた竹槍《たけやり》刺突訓練への参加と、飛行機や食糧の増産の二つであった。

この竹槍訓練には、当時から公然たる批判があった。四四年九月二三日付の『毎日新聞』投書欄「建設」で、ある東京都民は「航空機の急速増産に出し得る限りの民力を傾注せねばならぬ」、そのためには女性の手先が役立つのであるから、「竹槍を振廻す精力と時間をこの方面へ振向ける方が賢明ではなかろうか。それが遥かに実戦的ではあるまいか」と当時さかんにおこなわれていた婦人会の竹槍訓練を批判し、飛行機の増産を訴えている。

『朝日新聞』四四年一一月二二日付の投書欄「鉄箒《てつぼうき》」にも、「〝一億玉砕〟というような暗い無謀が、近代戦の指標ではあり得ない」、この戦争は「民族の自衛、東亜の解放という明るい、大きな知性によって根本的に性格づけられているはず」である、という、青人生（筆名）の投書「神鷲の確信」が載っている。この投書は「神鷲」すなわち特攻隊の勇士は暗い玉砕の先陣としてではなく、「自分達こそは一億同胞を救うもの、国家民族を護るものという、明るく、大きな確信」のもとに雄々しく飛び立ったのである、だから一億は「あくまで生き抜いて、大きな民族の希望を建設しなければならない」と唱えている。この段階では、一億総特攻的な精神論を表だって批判することができていた。

特攻への感激

しかし、実際に陸海軍の特攻が始まり、その〝大戦果〟が報じられると、人びとのあいだに特攻への感動が高まった。「神風攻撃機隊の功績を聞いて泣かぬ者があろうか……日本青少年よ、感奮して叫べ『待って〔いて〕下さい、私も続いて行きます』という精神論を声高に唱える人たちが出てきた」（一九四四年一一月二日付『朝日新聞』への「一動員学徒」の投書）。作家の伊藤整《いとうせい》は一九四四年一〇月二九日の日記で、「〔神風特攻隊が〕遂にここに姿を現わした。日本民族の至高の精神力の象徴である。これで日本が勝てぬようならば、人間の精神力というものの存在の否定となり、人類は物質生産力による暗黒支配の中に入るとしか考えられない」と、日本独自の（とされる）精神力への信頼を寄せていた（伊藤整『太平洋戦争日記（三）』）。敗北への恐怖が、精神力への信仰を強めていたのである。

日本独自の死をも恐れぬ精神力に救いを見いだす国民は他にもいた。一億玉砕を「暗い」と批判した前出の『朝日新聞』「鉄箒」欄の投書には「青人生氏は、言葉に捉われて生死を論議されている……一億が兵隊と同じ気持ち信念をもつという覚悟の表現に『一億玉砕』というのだ」、という反論が寄せられた（四四年一一月二五日付同欄）。記事によれば、同趣旨の投稿が他に七編あったという。彼らはお上の望みどおり「玉砕」を望んでいたのだ。

一般国民のあいだからは、神風特攻に感動し、戦争に協力しようとする具体的な動きが出ていた。東京・八王子の郵便特定局長・村野良一は、四四年一一月二五日の日記に「多忙。窓口。局外迄《まで》行列。昨日の空襲が崇《たた》って今日は忙しい。今月はいつもの貯金の外に神風貯金などあるので目茶々々だ」と書いている（八王子郷土資料館編『八王子の空襲と戦災の記録 市民の記録編』）。

このときすでに米軍の東京空襲が始まっていたが、前日の二四日に「神風隊大戦果の隣組国債貯金」がおこなわれたのとあわせて、人びとは戦費調達の国債購入のために長蛇の列をなしていた。特攻隊への感激が人びとを戦争協力に駆り立てていた。

新聞にも、しだいにヒステリックな見出しが躍るようになっていた。

四四年一〇月二七日の『毎日新聞』には「殺せ・米兵を殺せ　人的損害が敵の急所」という記事が載った。日本の人口は一億、対する米国の人口は一億三千万で、いくら物量を持っていてもそれを作り動かす人間には限りがある、だから米兵を一人でも多く殺せばいずれ必ず音を上げるに違いないという、特攻隊員たちにも語られた戦意高揚の論法である。

マスコット人形の役割

特攻隊員に後戻りをさせないための仕掛けは、第一部で述べたラジオ以外にもあった。若い女性たちの見送りである。女子挺身隊員の石早昭子《いしはやあきこ》は、千葉県の銚子飛行場で陸軍特攻隊の一つである石腸隊の飛行機の整備をしていた。彼女は一九四四年一一月八日に陸軍特攻隊・石腸隊が千葉県銚子を出発した時の「感動」の手記を雑誌『主婦之友』に記した。

石早は「特別攻撃隊員搭乗機の仕上げは、特に女子挺身隊員に奉仕させよ」という命令に「上司の温い思いやりと深い情が、私達は身にしみて嬉しかった」、「特別攻撃隊機最後の装いに心をこめた。風防硝子《ふうぼうガラス》に一点の曇《くもり》もないよう、幾度《いくど》も幾度も拭った」と書いている（石早「特別攻撃隊員揺籃の基地　女子整備隊班長の手記」）。

陸軍の上層部が特に若い女性たちに仕上げを命じたのは、〃強い〃男性である特攻隊員たちに、〃弱い〃女性を護るという自らの使命を自覚させ、決して後戻りをさせまいとする意図があったように思える。石早は、少なくともこの手記上では、軍が自らに与えた役まわりを完全に演じきっている。

本書「まえがき」で女学生が特攻隊員に手作りのマスコット人形を贈っていたこと、そのなかに「神風」の鉢巻きを締めたものがあったことにふれた。

この「神風」人形は、少女たちが飛行機工場で働くかたわらで作っては特攻隊員に贈ったものだった。

東京都立武蔵高等女学校の三回生だった武井洋子は航空機生産のかたわら、「最初、洋服を着た人形を作ったが、『大和撫子《やまとなでしこ》』の方がよいというのでいそいで絣《かすり》の和式上衣とモンペに、『神風』の鉢巻をきりりとしめた人形に作り変えたのを覚えている。真心こめて作った私の分身にほおずりしながら、素晴らしい戦果をあげてくれますようにと祈った」と回想している（武井「増産記録」東京都立武蔵高女青梅寮生の会編『飛行機工場の少女たち』）。

「神風」鉢巻きを締め飛行機を作る女性（『ちから』1945年6月21日号）

この「神風」鉢巻きは、軍需省航空兵器総局長官の遠藤三郎中将が四四年一二月八日、全国の工場に配ったものである。報道などでは出撃前の特攻隊員の献金で作ったと美談化されたが、実際には足りるはずもなく、長官機密費で作らせたという（遠藤『日中十五年戦争と私』）。遠藤がこの「神風」鉢巻き贈呈に込めた意図は、女学生たちに特攻隊に続けとばかりに飛行機増産を促すことだった。

『飛行機工場の少女たち』に転載された新聞記事「征く完成機 更に入魂機を多く 送る動員女学徒の決意は燃ゆ」（掲載紙名、日時不明）は、武蔵高女の女学生たちが「そうだレイテを勝ち抜くものは飛行機だ、入魂の飛行機なのだ、私達はもっともっと沢山の飛行機を造り、一刻も早く前線に送るために更に命の限りを頑張ろう」との決意を披露した、と報じている。全国の女学生に自己の使命をわきまえさせるための宣伝である。

軍が少女たちにその「神風」鉢巻きを締めた人形を作らせ、特攻隊員に贈らせた目的は、「神風」特攻隊員に安心して突入させることだった。「征く完成機」は、「〔武蔵高女生の〕お人形は単なる贈物ではない、仕事の余暇或《ある》いは家庭に在って心魂込めて作った私達皆んなの分身であり、そしてそれはひとり武運の長久を祈るのみではなく」、レイテの海に一機一艦を葬る神風特攻隊などの勇士とともに「敵陣深く突入したい切なる希いがかけられている」という。軍やメディアは人形を単なるお守りではなく、特攻隊員と運命をともにする〝道連れ〟と位置づけていた。道連れがいれば、孤独感や死への恐怖も弱まると考えたのである。

武井と別の武蔵高女生は、マスコット人形を作って特攻隊員に手渡したときの「風になびく白いマフラーと、紫の布に包まれた軍刀……。あの光景は生涯脳裏から離れることはないであろう」という（大和田元子「二十八年目に思うこと」『飛行機工場の少女たち』）。しかし、「若しあのとき、一機でも少なく生産していたなら、それだけ尊い生命を散らさずにすんだであろうに……と。二十三、四才の彼等は、私共と異なり、戦争に対して疑惑を持ちながらも、光栄と思い込まされて、自ら命を絶ったのではなかろうか」ともいう。

この回想は、少女たちが若者の乗る飛行機と、身代わりとして同乗するマスコット人形の両方を作ることで、特攻を直接支えていたことを教える。

少女と特攻隊員

俳人の八牧美喜子《やまきみきこ》（旧姓加藤、一九二九年生）の戦争日記『いのち』（一九九六年）は、戦時下の若い女性と特攻隊員との微妙な関係を描き出す。八牧は当時一五歳の少女で、福島県相馬郡《そうまぐん》原町（現・南相馬市原町区）に住んでいた。病気のため仕事も進学もできず、鬱々《うつうつ》とした日々を過ごしていた。

原町には陸軍の鉾田教導飛行師団原町飛行隊があった。彼女の家は牛乳屋でアイスクリームも出していたので、特攻隊員たちが遊びにくるようになる。

八牧は自分より数歳年上の隊員たちと親しくなり、複数の人が彼女のことを好きになった。陸軍特攻隊・進襲《しんしゅう》隊員の久木元延秀少尉（陸士五七期）は、前線への出発間際に最後の電話を掛けてきて、たがいに黙ってしまう。沈黙の重さに耐えかねた八牧は電話を切ってしまい、後悔のあまりむせび泣く（一九四四年一二月四日）。

別の特攻隊員は別れの日、彼女の手を強く握り、やはり黙ってしまう（四五年三月一六日）。みな彼女に言いたいことがありながら言えないまま出撃して帰らない。

久木元は原町出発後、途中の石垣島から送ってきた消印四四年一二月二五日の手紙で「くよくよしっちゃ《〔方言〕》駄目、そうでしょう。私も美喜ちゃんの分までやりますから。美喜ちゃん、何にもしなくたって（たとえですよ）良いわけでしょう」と励ました。くよくよするなというのは、彼女が病気で働けない、何もできない悩みをひそかに打ち明けたからである。

彼女への気持ちが、久木元を特攻に駆り立てる原動力になっている。八牧はこの励ましの手紙に「貴方を生涯忘れず祈りつづけます」と返事を出した。久木元は一二月三〇日、フィリピン・ミンドロ島付近で特攻戦死した。八牧は久木元がこの手紙と写真を最期まで持っていったと考えている。

しかし彼女にとって久木元の死は、たしかに悲しいけれど、疑いを持ちようのない当然のことであった。彼は士官学校を出た本職の軍人だからである。

日記には「久木元さんはどうしたって死んで行く人」（四五年一月二三日）、「久木元さん、神様になったらどうにかしてくれないか知《し》ら。一緒につれて行っても良し、仕事を出来る様にしてくれるのもいい」（二月二日）、「人間なんて心から思って居てくれる人があれば、若くして死んだって永久に死なないものだと思う。特に久木元さんなんて、特攻隊として戦果をあげ悠久の大義の為、雄々しく散った方だもの」（二月一三日）などとある。一五歳の少女であるから、世界観が自分中心の小悪魔っぽいものになるのは自然である。

彼女は自分に対する隊員たちの気持ちをよく知っている。知っていて「私は良い子でもないのに好かれるところを見るとショウ〔娼〕婦じみてるのかも知れない。男の人なんかなんでもない。私のフラッパー〔おてんば〕じみたところを考えてそう思っている。苦しむ、どうして良い子でもない私を好きがるのだろ」（二月二一日）と自己陶酔する。

要するに、戦争中の特攻隊員に対する八牧の願いは、戦果を挙げて美しく散ってもらうことだった。四四年一一月二六日の日記には「どんな小さな敵艦でも仕方ないから撃沈か又は轟沈して頂きたい。大破なんかしてその雄々しく散って行かれた場所を敵にふまれたりすると思うと、けがされた様な気持がしてたまらないもの」とある。

特攻隊員に対する少女の気持ちは純粋無垢だけれど移り気で残酷、これも特攻の現実である。

特攻批判

しかし特攻に冷めた視線を向ける国民もいた。静岡県伊東の書店主・竹下甫水《たけしたほすい》（本名浦吉、一八八二〈明治一五〉年生）は一九四四年一〇月二六日の日記で、「ヒリッピン大戦果はペティ〔レイテ〕湾上陸の敵軍を一掃するか殲滅《せんめつ》するのでなくては大戦果とは言われまい。例《ママ》え敵艦船を多数撃滅沈することが出来たとしても敵をして所期の目的を達せしめるような事があれば、大戦果どころか、敗北となる」と書いている（竹下『竹下甫水時局日記』）。

特攻でいくら敵の船を沈めようとも、フィリピンから米軍を撃退できなければ意味がない、というのだ。竹下は日記を人に見られるのを恐れており、あくまでも秘密のつぶやきではあったが、正論と言える。

評論家・清沢洌も四四年一一月四日の日記で、「神風特攻隊が、当局その他から大いに奨励されている。ガスリンを片方しか持って行かないのらしい。つまり、人生二十何年を『体当り』するために生きて来たわけだ。人命の粗末な使用振りも極《きわ》まれり。しかも、こうして死んで行くのは立派な青年だけなのだ」と、特攻を単なる人命の使い捨てとみていた（清沢『暗黒日記 二』）。

報道などでは特攻隊は志願制とされていたが、実際には命令、強制であるという噂も世間に流れていた。四四年一一月七日、東京のある女性は雑炊《ぞうすい》食堂に並びながら、「特攻隊は新聞発表の如《ごと》く各人の発意に依《よ》るものでなく命令だそうだ私の知って居る人の息子も致《いた》し方《かた》なく隊員に加わったそうだ」と周囲に話した（南編『近代庶民生活誌　第四巻　流言』）。

この話を聞きつけた女性が憲兵に通報し、事実を述べたはずの女性は「警察側厳諭」、つまり警察で厳しく叱られるという処分を受けた。

特攻は国民の飛行機増産への自発性を喚起するための宣伝であったから、隊員側の自発性を否定する流言は禁圧された。特攻隊員の出撃が自発的でないなら我ら国民の飛行機製造も自発的である必要はない、となりかねないからだ。しかし人の口に戸は立てられなかったことは、第一部でみた特攻隊員・杉村裕と母親の会話よりわかる（本書一三二頁）。

また、比較的年配の世代のあいだには、若い世代にならい国のため命を捨てよという指導者たちの絶叫へのとまどい、反発もあった。前出の郵便特定局長・村野良一は四四年一一月二二日の日記に「かかる時代にこそ人生観に徹するを要す。神風挺身隊の勇士は一次的に皇国に殉ずるの精神を得るが、我等は年歯《ねんし》若《わか》からざれば、一応古き桎梏《しっこく》を精算《ママ》し、然《しか》る後新しき時代精神を得んとするのみ。口舌のみの指導者には解するを得ざるべし」（八王子郷土資料館編『八王子の空襲と戦災の記録　市民の記録編』）と書いている。

このとき村野は三七歳だった。自分たちはそれなりに年を重ねて係累も多い、価値観も固まっている、だから若い特攻隊員のように皇国のため潔く死ねといわれても難しいよ、というとまどい、ないしは開き直りといえようか。

精神力は物質力を凌駕できるか

とまどいといえば、物質力に対する精神力の優位という、当時の日本でさかんに唱えられた信念へのとまどいも国民のあいだにはあった。

作家・大佛次郎は一九四四年一一月二五日の日記にニュース映画で神風特攻隊の出撃を観た際の感想として、「あっけのない短いもので感動している間もないくらいである。関大尉以下はあまり勇ましく見えない。機に乗って飛出すところは力強い感じである。しかしこれも飛行機から来る感じではないか。人間のもろく取るに足りぬと云う感慨の方が深いのは何としたものか。しかしこの攻撃は成功したのである」と書いている（大佛『終戦日記』）。

神風特攻第一号となった関行男《せきゆきお》大尉率いる敷島《しきしま》隊の出撃場面は、国民の感動を呼び起こすために撮影されたものだ。しかし大佛はその姿を必ずしも勇ましくない、勇ましくて力強いのは飛行機だと感じた。このような感想になるのは、大佛が物量や機械に対する精神力と肉体の優位をひそかに疑っているからではなかろうか。

特攻の〝大戦果〟に対するとまどいを覚えていた人は、軍の内部にもいた。陸軍航空総監兼航空本部長兼教導航空軍司令官の菅原道大中将は、四四年一二月一〇日の日記に、特攻隊の二、三の戦果に気勢を揚《あ》げて自己陶酔に陥《おちい》るのは避けねばならない、国民は「其《そ》の真相の概貌《がいぼう》は之《これ》を感得し、以《もつ》て必死の覚悟を為《な》さ」ねばならない、為政者は政戦両略をどうすべきか、「打つべき大いなる手」をいつどう打つか、と記している（偕行社編『菅原将軍の日記』）。

特攻隊の大戦果が喧伝《けんでん》されているが、戦争指導者たる者はそれに酔うことなく、和平への具体策を考えねばならない、というのである。「国民として其の真相の概貌は之を感得し」の個所は解釈が難しいが、特攻の大戦果にもかかわらず日本軍は押されているのが戦局の「真相」である、それは国民にもきちんと知らせて危機感を持たせるべきだ、と考えているとも読める。

しかし軍の報道部は、こうした人びとのひそかなとまどいを知ってか知らずか、米兵殺傷による米国民の戦意低下という戦略論を叫びつづけた。その叫びは男性のみならず、銃後を支え飛行機を造る女性たちにも向けられた。

たとえば、陸軍省報道部・親泊 朝省《おやどまりちようせい》中佐は四四年一二月一日の婦人雑誌『主婦之友』

に「アメリカのここを突け！」と題する記事を寄せ、「政治を動かす大きな力が輿論《よろん》であり、輿論を左右しているのが女です……おいそれと勝てそうにないとなると、必ず厭戦、反戦の気分が出て来るに違いない」、だから戦勝の秘訣《ひけつ》は「一人でも多くのアメリカ兵を殺すことです。やって来たら殺し、やって来たら殺す。蟻地獄に落ちる蟻のように殺す」ことだと説いている（親泊「アメリカのここを突け！」『主婦之友』一二八―一二二）。

そして日本の女性たちには「家庭生活と生産力をあくまでも護り抜いて、戦線の良人《おっと》に、息子に、思う存分アメリカ兵を殺させる――これがあなた方婦人の戦いなのです」と訴えた。

本書第一部に登場した、石渡俊行軍曹の特攻死を報じた一九四四年一二月九日付『朝日新聞』は、一面トップで最近一年間に米英軍に与えた死傷三〇万四〇〇〇、対する我が犠牲は一六万八〇〇〇と、艦船よりも人命の「戦果」を強調していた。この紙面には、人的損害の強要による米国厭戦世論の醸成こそが戦勝の鍵という、一般国民向けのメッセージが隠されている。

なぜ飛行機で東京を守らないのか？

しかしレイテ湾の〝大戦果〟の一方で、すでにマリアナ諸島からの東京空襲は始まっており、住み家を焼かれてしまう人が出ていた。その一人である東京の製本業者（三八歳）は、一九四四年一一月二九日から三〇日にかけての夜間爆撃で東京神田の自宅を焼かれてしまった。一二月一日、避難途中の高崎駅で他の待合客に対し、腹立ち紛れに「レイテ湾では戦艦や巡洋艦を撃沈しているが東京を何故その飛行機で護らないのか、飛行機の増産々々と叫んでいるが、工場で四万も五万も職工が居て何をして居るのか東京を灰にして仕舞《しま》って何が戦果か」と憤懣を漏らした（南編『近代庶民生活誌 第四巻 流言』）。

この発言は聞きとがめられて説諭をくらったが、彼の腹立ちは、自らの生活が何より大切であり、国家がアジア全域の解放をスローガンに唱えておこなう戦争には無関心、という民衆意識の表れといえる。

遠い外地での戦果よりも自分の家や暮らしが大切という意識は、じつは相当に多くの国民が抱えていたものかもしれない。作家・大佛次郎は四四年一二月一九日の日記に「鉄箒欄の十一月中の投書の三割は経済上の不平不満である。台湾沖比島沖の戦果ありしに対し意気上《あが》らず」と書いた（大佛『終戦日記』）。国民のあいだでは、軍の挙げた〝大戦果〟への興奮や感謝よりも生活困窮への不満が多い、というのだ。

「鉄箒」は先に述べたとおり、『朝日新聞』の投書欄である。航空特攻の挙げた〝大戦果〟への興奮も、じつは早い段階でしぼみ、多くの国民の心には響かなくなっていたのかもしれない。

特攻に対する国民の無関心、戦争への傍観は、これらの日記とは違う場所にも現れていた。熊本県の日稼業男性は四四年一二月のある日、「今回の神風特別攻撃隊に参加したものは皆親無し子や水平社ばかりで、其《そ》の数は六万も居るから日本は大丈夫だ」と、他所で聞いた話に自己の憶測を付け加え、食糧営団の事務員二名に漏らした（南編『近代庶民生活誌 第四巻 流言』）。「特異の反響なし」とされながらも、男性は「検挙事件送致」とされた。

これは、特攻などは誰もやりたくない、「水平社」すなわち被差別部落の人びとや孤児に押しつければよいのだという、指導層にとっては恐るべき戦争傍観の思想である。だから当局は容赦せずに検挙したのであった。

2 新兵器願望

特攻を続ければいつかは……

もともと特攻は、一発逆転の新兵器が造れない軍が、その〝代用〟として始めた戦法だった。元技術将校の升本清は、一九四四年七月七日、陸軍航空が特攻の採用を組織化していく契機となった秘密会議のなかで、特攻に反対する技術側が反対論の切り札として、無人飛行機を母機に積み、敵艦上空で切り離し、無線操縦で命中させるという具体案を持ち出した。この案は「非人道的な特攻戦術に反対する性格をもつものでありながら、かえってこの時はこの新兵器が完成するまで、一時的に特別攻撃をやるのも仕方がないという気休めを会議参列者に与えた」と述べている（升本『燃ゆる成層圏』）。

特攻は、命中率などを綿密に計算したのではなく、「なまじ巧妙な戦法をとって、流れ弾丸にあたるよりは自ら必死一機よく一艦を屠《ほ》ふるにしくはない」「爆弾を抱いて突込《つっこ》めば必ずや敵も恐れをなし、本土その他への侵攻をあきらめるに至るであろう」（同）、いずれ「新兵器」もできるだろうという漠然とした希望に基づいて始められたものであった。

このような敵米国の度肝を抜いて戦意を奪う、という考え方は、戦争後半の絶望的な空気のなかでにわかに生まれたものではない。対米戦争をはじめるにあたって大本営と政府が作った唯一の戦争終結構想である「対米英蘭蔣戦争終末促進に関する腹案」（一九四一年一一月一五日）も、「米の戦意を喪失せしむる」ことに主眼を置いていた。つまり米側の「戦意」を奪って日本に妥協させるという考え方においては、開戦当初からまったくぶれていないのである。もっとも、四一年の「腹案」には同盟国独国をソ連と和解させてから英国を打倒し、米国を孤立させるという筋書きがあったが、四四年には独ソ和平も英国打倒もほぼ実現不可能となっていた。日本一国でなんとか米国に戦争継続を諦めさせねばならない。その手段として選ばれたのが特攻だった。

注目すべきは、国民のなかにも、こうした軍の考えを信じて特攻を続けていれば、いつかは米国の人的資源が底を突き、和平に応じるはずだと期待する人がいたことである。

前出の埼玉県与野町長・井原和一は四四年一二月三一日の日記で、今年はサイパン玉砕やフィリピン決戦が続いた、「其の後は本土に対する空襲と比島の神風特別攻撃隊等を出し、愈々《いよいよ》緊迫せる戦局を全力を挙げ守って居り、敵の物量と人的資源の切れるのを待つほかはないことになって居る。実に必死の戦であ」ると回顧した（与野市教育委員会市史編さん室編『与野市史 別巻 井原和一日記Ⅴ』）。

神風特攻で敵の物量と人的資源の切れるのを待つほか「ないことになって居る」という井原の口ぶりには、軍の示した勝利の方程式に対する、そこはかとない疑念がにじんでいるように思える。

結局、神風特攻の出現によっても、レイテ島の戦局を覆すことはできなかった。それどころか、四四年末の日本を大地震が襲った。四四年一二月七日に起こった東南海地震である。この地震の被害は極秘とされたが、中京地方の航空機工場は大打撃を受けた。

作家の一色次郎は四四年一二月二二日の日記で「ことしは、なんという年だろう。天だけは日本に味方してくれると信じていたのに、安政（大地震、一八五五）以来といわれる大地震がおこるなんて」と嘆いた（一色『日本空襲記』）。

日記は続けて「私たちはこれまで、奇跡などアテにしないとは言いながらも、『神風』を心待ちするようなものが、胸にないでもなかった……それが、天罰は反対にこっちの頰《ほ》っぺたを叩いたのだ。日本国民に、なんの悪いところがあったのだろう」ともいう。一九四四年の日本人が抱いた「神風」への期待は、大地震により完全に裏切られたかたちである。

大勢の手で製造される爆撃機「銀河」

きわめて皮肉なことに、航空特攻開始の前後から日本の航空機生産数は低下をはじめていた。四四年度の内訳をみると、六月の二八五七機をピークとして、一二月二二〇四機、四五年一月一九四三機、二月一二六三機、三月一九三五機へと低下している（防衛庁防衛研修所戦史室編『戦史叢書　陸軍航空兵器の開発・生産・補給』）。その大きな要因は資材不足、空襲の激化（にともなう工場の疎開）、そして地震であった。大本営陸軍部戦争指導班の日誌は四五年二月六日、「空爆及地震の影響は否定し得ざる原因なりと雖《いえど》も予定の三分の一程度の生産を以てしては、航空必勝の目途なし」ときわめて悲観的な見通しを示している（軍事史学会編『大本営陸軍部戦争指導班　機密戦争日誌　下』）。これらの諸数字はもちろん、地震の規模・被害すらも、国民にはほとんど伝えられなかった。

一九四五年正月の絶望と希望

かくして年は明け、一九四五年となる。のちに沖縄戦で陸軍の特攻を含む航空作戦を指揮する菅原道大中将は、四五年一月一日の日記に「嗚呼《ああ》多難多事なる昭和二十年を迎う。レイテの形勢非にして国民の士気正《まさ》に銷沈、持久の一途、何《いず》れの時に反攻に出《い》づるや……飛行機の減産は明らかにして、特に本月最も甚《はなは》だし。更に敵爆撃の累加あらば如何《いかん》せん……奇蹟出でずんば遂に救国の途《みち》なからん。本年の夏期最も危険なり。只々《ただただ》国民の敢闘精神の不屈を俟《ま》たんのみ」と書いている（偕行社編『菅原将軍の日記』）。

菅原は直接特攻にふれてはいないが、レイテの敗北で国民の士気は下がり飛行機は減産、このままでは「国民の敢闘精神の不屈」は疑わしいので何らかの「奇蹟」を待ち望むしかないとも考えていた。その「奇蹟」を起こす唯一の手段として、特攻が続けられていく。

前出の埼玉県与野町長・井原和一も、年の明けた四五年一月五日の日記に、現下の戦争について「進攻なき戦は、常に多くの兵を各所に散在し守備して、戦場は敵の好む一番手薄の防禦地《ぼうぎょち》と云うことになり、その上米国があきる迄、即《すなわち》戦争に勝つ見込が一寸《ちょっと》樹たず、中止するまで守らねばならぬ不利な戦争」と悲観的な展望を示している（与野市教育委員会市史編さん室編『与野市史 別巻 井原和一日記V』）。

現下の戦況は特攻で大戦果が挙がっているはずなのに、レイテ島から米軍を撃退するどころか、逆に占領されてしまいそうな情勢である。井原はこの戦争を「米国があきる迄、即戦争に勝つ見込が一寸樹た」ない不利な戦争とみなしている。軍や政府の代弁者として地域住民に必勝を説き、得心させるのが町長たる井原の役目だが、その彼にして特攻による戦勝への微妙な、しかし拭いがたい不安がある。

それでもわずか数日前、大晦日の日記に書いたように、「敵の物量と人的資源」が切れることを「確信」して特攻を続ければ、いつかは戦いに「米国があき」て「中止」に持ち込めるかもしれない。人は絶望を深めるほど、わずかな希望にのめりこみ、かえって抜け出せなくなってしまう。

軍（菅原）と国民（井原）がそれぞれ特攻にこのような望みを託しつづけるかぎり、特攻も戦争もずるずると続けられていくのである。

一方で、国民は一九四五年に入ってもなお、「新兵器」の出現を待ち望んでいた。サイパン陥落のとき、新兵器の出現を待ち望んだ女学校教師の浅見真吉は、四五年二月一三日の日記に、次のような興味深い噂話とその感想を書いている。

航空母艦六万噸《トン》という大きいのがこの間三浦半島沖で敵潜の魚雷四十本をくらって沈没した。そしてこの中には組立てるようになっている飛行機多数と新兵器が満載してあった。もしこれが比島で使われれば敵撃攘《げきじょう》など容易だったと。どこまでが事実かわからぬが、本当とすればまことに惜しいことだ。しかし敵にばかり損を与えて味方は無傷というわけにはいかぬ。何でもかでも飛行機の増産一点張《いってんばり》だ。その他のことを考える必要は微塵《みじん》もない。（津田道夫編『ある軍国教師の日記』）

沈んだとされる航空母艦は、大和型戦艦を改造した巨大空母「信濃《しなの》」である。同艦は母港横須賀から呉に回航途中の四四年一一月二九日、紀伊半島沖で米潜水艦の魚雷攻撃により撃沈された。その積み荷に「新兵器」のロケット特攻機「桜花」があった。つまりこの噂はおおむね「事実」である。

極秘のはずの「信濃」沈没が浅見にまで伝わったのは、国民が「敵撃攘」を容易にする新兵器の出現を待ち望んでいたからである。けれども浅見は、軍や政府の言うように、戦局挽回には飛行機の増産こそが大事だと決意を新たにしていたのである。四五年に入ってもなお、一部の人の戦争遂行への意識は高かった。

精神力は外国にもある

国民の特攻や戦局に対する見方は多様であった。作家の一色次郎は一九四五年一月六日の日記に「レイテ島が危ない。そんな空気が、なんとなく国民に流れている。みんなの心配はひととおりでない。どこへ行っても、顔を見合せ溜息をついて、ひそひそとそのことばかり語り合っている」と書いている（一色『日本空襲記』）。彼が目撃した内地の一般国民は、戦争の前途に深刻な不安を抱きつつあった。

軍は自らの手で「神風」を起こすべく特攻をはじめたのだが、一色は特攻を崇高な「神風」などとはみなしていない。特攻という戦術にきわめて批判的だったからである。少し後の四五年二月二日の日記には、決死隊が出ていって、不意をつく。そして、劣勢をはねかえす。戦国時代の歴史に、いくつも実例がある。奇襲に出ていって、もちろん、帰れない兵もいる。かといって、それが、現在いうところの、片道キップの特攻兵ではない。本質はあくまでも、普通の決死隊である……でも、――もう、いいんだ。国民は、そこの見境《みさか》いもつかなくなっている。こんな人間たちだから、特攻機を出す。こんな人間たち、勝てっこないんだ。（同）

とある。日本が物量に優る敵米国に勝つには、機略を尽くした決死隊の力を利用するしかないが、現在の特攻隊はそのような合理的戦術の名に値しない、単なるやぶれかぶれの愚策に過ぎぬという批判である。

竹下甫水も、四五年一月一一日の日記に「神鷲隊に就ても少しく神秘的な自己陶酔にかかって居はせぬか、戦争に出る程の者は誰れでも決死の覚悟はして居る筈だ、米兵だからとて真先に上陸する奴は決死であると思う。此の未曾有の大科学戦を、神秘的な少斗《すこしばかり》の犠牲のみに依って、大勝を附《ママ》し得ようと考える事は幼稚である」と辛辣《しんらつ》な特攻批判を書き付けている（竹下『竹下甫水時局日記』）。

この大科学戦、物量戦を精神力と特攻で乗り切ろうという軍の考え方は「幼稚」であり、そもそも精神力は日本独自のものではなく米国にもある、というのである。

同じ趣旨の批判を評論家・清沢洌も四五年一月一二日の日記に書いている。「米国では特攻隊の記事に触れていないそうだ。敵から見れば対手《あいて》に打撃を与えることが目的なのだから、どちらにしても同じなのである。日本だけだ、抽象的精神力というものを重視するのは。物量や発明も精神力であることを気づかずに」（清沢『暗黒日記 三』）。

精神力による特攻で戦果が挙がったとしても、米軍にとってはレイテ奪回という目標さえ達成できればよいのだから被害は問題ではない、彼らの物量や科学兵器だってその精神力から作り出されるのだ、という冷徹な認識である。

本書第一部でみた特攻隊員は、このような一部国民の無関心や冷徹な批判を知らずに突進して帰らなかった。隊員たちは非特攻の戦友のみならず、一般国民からも孤立していたのである。彼らの悲劇性は、一色や竹下、清沢の批判が結果的に完全な正論だった点にある。

勝てないのは国民のせい？

竹下や清沢の特攻批判は日記に密かに書かれたもので公にはならなかったが、国民のあいだに広がる無関心は軍報道部も気づいていた。特攻をくりかえしても戦局は挽回できず、これでは国民を飛行機増産に駆り立てることができない。そこで彼らは国民に向かって飛行機増産の督励に努めた。

大本営海軍報道部・海軍中佐の矢倉敏は一九四五年二月発行の雑誌に、「一億の総力を根こそぎ動員して頑張れば、台湾を去る僅《わず》か二百浬《かいり》に過ぎぬ比島海面の制空権を確保し得る位の飛行機は絶対に補給し得る」、そもそも味方には一機よく一艦を屠る陸海軍の特攻勇士がいる、彼らが乗る程度の数の飛行機が補給できないということはない、飛行機さえあればこの戦争は「絶対に勝ち得る」と叫んでいる（矢倉「戦局打開の鍵」『海軍報道』二—二）。

特攻で戦果が挙がっているのに戦争に勝てないのは国民の頑張りが足りず、飛行機が足りないからだというのである。これは国民への責任転嫁に他ならない。

こうした軍の宣伝に、竹下甫水の四五年一月一二日の日記は冷ややかな反論を加えている。われわれ国民は、米英のような機械文明の発達した国と戦争するからには当然当局にその用意があったものと信じている、戦争のことは当局を信頼しお任せしろというから、国民はすべて当局の命令に服し、黙ってあらゆるものを提供している、「今に至って量が不足だなぞ愚痴を言っても始まらない。全ては公等《こうら》の無定見不見識の致す所だ、国民には責任がない」と（竹下『竹下甫水時局日記』）。

仮に矢倉中佐がこうした「国民は軍の言うとおり頑張っているので責任はない」という反論を公の場で突きつけられたとしたら、答えに窮したのではなかろうか。

一色次郎も、四五年一月一七日の日記で軍への疑問を示している。「今になっても、まだ、飛行機がたりないというのは、どういうわけだろう……国民はひとりひとり、やれるだけのことはしている。しかし、誰もが何かしら空まわりしているような空虚を感じている。それは自分の働きが、直接戦局に通じないもどかしさなのだ。こうしていたら、戦争は負けるのではないか」と（一色『日本空襲記』）。

こうした国民のひそかな不安や「もどかしさ」を痛感していたのが大西瀧治郎中将である。大西は四五年三月八日、台湾で部下たちにおこなった訓示（本書九一頁参照）で、戦争の前途に対する一般国民の不安を挙げ、強い危機感を示した。


先日、内地から来た人から聞いた話であるが、報道班の人が某飛行機工場での講演の際に、「飛行機が足らないから負けて居る」と話した所、女子挺身隊の一人が「私達がこれ程迄一所懸命にやっても、未《ま》だ飛行機が足りないのですか」と言って声を挙げて泣いたと言うことである。（故大西瀧治郎海軍中将伝刊行会編『大西瀧治郎』）

この女子挺身隊員は、一色と同様、戦争への献身がいっこうに報われないことに絶望を感じている。大西にとってはゆゆしき事態である。このままでは彼女たちが航空機増産を止めてしまうかもしれないからだ。

そこで大西は、部下たちに向かい、「飛行機を最も有効に使用して貰うことを念じて、女子供までが、泣きながら作って居る」ことをわきまえよ、「与えられた飛行機は一機余さず完全に戦力化しなければならない」と訴えた。彼の挙げたそのもっとも「有効」な手段が特攻を含む航空攻撃であった。「飛行機を以てすれば、一機で数百名の敵を船もろ共に殺すことが出来る」が、地上部隊にそのような戦《いくさ》はとうてい不可能だからだ。

軍人大西の脳裡には、つねに戦争を支える国民があった。大西と軍が特攻をこののちも拡大していく背景には、その国民が戦争協力を止めてしまうのではないか、という危機感があった。航空特攻の拡大、継続の背景には、次のような悪循環が想定される。

①大西（軍）は戦に勝つには飛行機が必要だと考える→②特攻で勝利を収めることで、国民により多くの飛行機を作らせようとする→③しかし勝てないので国民は「自分の働きが、直接戦局に通じないもどかしさ」を感じ、やる気をなくしてしまう→④

大西はこれではいけないと特攻を強化する→⑤しかし戦に勝てない→①へ戻る

大西は口先だけの矢倉中佐とは違う、実行の人だった。特攻隊員たちは、その大西が国民に軍人としての誠意を示し、自発性を喚起させる手段として、突入させられていった。

「新兵器」への渇望

当初特攻への期待を高めながらも、戦局がいっこうに好転せず、絶望を深めていった人に前出の作家・伊藤整もあった。伊藤は米軍のミンドロ島上陸の報に接した一九四四年一二月三一日の日記に「これが実状なのだ……特別攻撃隊や神風隊の神のような行為をもってしてなお敵の近接し来るのを防ぎ切れないのだ。何ということだ……不利なのだ」（伊藤『太平洋戦争日記（三）』）と、神風特攻への絶望を吐露していた。

当時の軍が「神風」を日本独自の新兵器であるかのように説明していたことについてはすでに述べた（本書三一頁）。「神風」に対する一部国民の希望は、日本が何らかの「新兵器」を作って米国を打倒するという希望でもあった。当時の日本で「神風」特攻以外の新兵器として期待されていたのが原子爆弾である。

一九四四年ごろ、日本軍は国民の戦意高揚のため、マッチ箱一つ大の爆弾で敵の戦艦や都市を破壊できるという強力な爆弾、すなわち原爆開発の噂を流していた（保阪正康『日本原爆開発秘録』）。

作家の菊池《きくち》寛《かん》と萱場《かやば》製作所（現・KYB）社長の萱場資郎《しろう》は特攻の開始直前、雑誌の対談で「新兵器で戦局を左右するようなものが今後一年くらいに出来るとお考えになりますか」「これは今年の春の議会で、田中館《たなかだて》〔愛橘《あいきつ》、理学博士〕さんの完成間近しというウラニウム爆弾、これに一番期待しております……これを早く完成した国は世界の王者となります」というやりとりをくりひろげていた（「勝利と新兵器」『航空文化』三―八、一九四四年一一月）。

かくも公然と語られた「新兵器」原爆の話は広く行き渡り、国民の一人である一色次郎も聞いていた。しかし彼は早くも四五年一月の段階で原爆開発に見切りをつけていた。同月一七日の日記には「戦争は負けつつある。もはや、国民は誰ひとりそれを疑う者はいない……新兵器に対する国民の希望も、さほどではない。新兵器のおとぎ話のような夢を追っていたのは、以前のことである」、「原子爆弾の空想も、日本ではそう簡単に実現するとは思われない」、「現在の科学で可能な新兵器が、いくつできたからといって、それで戦局が掌《てのひら》を返すように好転するとも思われない」とある（一色『日本空襲記』）。

先に述べたとおり、一色は最初から「神風」特攻をまともな戦術とみていなかった。これにかわる「新兵器」も日本の科学では造れそうにない、そもそも新兵器だけで戦局挽回はできない。すべて正論である。

そうなると、一色にとって日本が勝つ手段は「結局は航空機にしろ何にしろ、敵よりも一歩すぐれないまでも、すくなくとも敵と同性能のものを敵と同数持つこと」という常識的なもの以外になかった。現在のわれわれは当時の日本にそんな力はなかったことを知っているが、一色といえどもそこまでは洞察できなかった。彼は、自分たち国民はそのためにはすべての努力を惜しまないのに、政府はその方策をいっこうに示そうとしない、という「もどかしさ」を日記に書き連ねていた。

一色が日々いらだっていたのは、祖国日本の敗戦が怖かったからである。四五年二月一日の日記には「横暴なアメリカ人が勝ちでもしようものなら、日本じゅうをわがもの顔にのさばり歩くだろう……つまり、この国は滅亡だ。日本から文化を剥奪《はくだつ》して、まだ文字すら持たない、土人の島のようにしてしまうだろう」と敗北への強い恐怖が記される(同)。

一色はふれていないことだが、逆に米国側が原爆を完成させ、日本に使ってくる可能性も大いにあった。作家・山本周五郎《やまもとしゅうごろう》は四四年一二月三〇日の日記に「午后から気持がおちつかない、一種の不安感が胸にかたまっている、——V1号式兵器〔独軍のミサイル〕による攻撃が時日の問題であり、彼我《ひが》いずれが先かと思うのも原因の一だ、ドイツではウラニユームを使いだしたらしく、若し是によってロケット武器が完成したら、攻撃を受けた方は惨憺《さんたん》たる状態と成ろう」と、敵米国が先に原爆を完成させて日本が敗れることへの強い不安をもらしている（山本『山本周五郎 戦中日記』）。

この不安はやがて四五年八月、広島・長崎への原爆投下として的中する。

科学者の謝罪

このように、特攻に代わる「新兵器」出現を待ち望んだり、敵のそれにおびえたりする国民の動揺を、当時の科学者たちはよくわかっていた。技術院総裁・博士の八木秀次《やぎひでつぐ》は一九四五年一月二四日の議会答弁で、「必死必中ということがいわれるけれども、必死でなくて必中であるという兵器を生み出すことが、われわれかねがねの念願なのであるが、これが充分に活躍する前に、戦局は必死必中のあの神風特攻隊の出動を待たねばならなくなったことは、技術当局として誠に慚愧《ざんき》にたえず、申し訳ない」と国民に謝罪した。

この謝罪をうけた四五年一月二六日付の『読売新聞』社説は、次のような指導者批判の論陣を張った。科学技術の立ち後れはひとり科学者の責任ではなく、「長年に亘《わた》る科学軽視の支配的傾向、科学技術を以て日本の精神に反するかの如く取扱って来た指導者達の態度こそ、この際大いに反省せらるべきものであ」る、「今は科学技術者の一層の奮起によって、よく大勢を一挙に決する如き新兵器の現れんことを祈る」と。
一見、今でいうリベラル受けしそうな権力者批判の正論である。ところが、この良心的ともいえる言論を、清沢洌は冷ややかにみていた。なぜだろうか。清沢の四五年一月二六日の日記には「インテリの鬱憤《うつぷん》は自発的ではなしに、何かの機会に便乗して発せられる。今回の科学技術の場合に然《しか》りだ」とある（清沢『暗黒日記 三』）。

ここでいう「インテリの鬱憤」とは、「封建的なる愛国観（死ぬ事を高調する道徳）に対するインテリの反撥」（前日の二五日の日記）である。知識人たちは、こうした反発を八木博士という権威の尻馬に乗っかるかたちでしか口にできなかった。清沢が批判しているのは、そうした知識人たちの弱腰、権威におもねる事大主義である。「封建的なる愛国観」の個所は、軍の進める特攻作戦への批判ともなり得る。

議会で答弁する八木秀次技術院総裁（1945年、朝日新聞社提供）

この清沢の批判は、軍も国民もみな口では「一億総特攻」などといいながらも、現実には指導者と知識人、一般国民のあいだにそれぞれ深い亀裂が走っていたことを示すといえよう。

そして、軍は八木の認めたとおり、特攻に代わる「新兵器」を造れない以上、特攻に頼って戦争をなお続けるしかなかった。八木はといえば、新聞のコラムに「新兵器」について語るのは「敵に知られて不利」などと書き、以後口を閉ざしてしまった（八木「勝つために上慎《つつし》め新兵器談義」『朝日新聞』三月九日付）。よけいな発言をして特攻隊や国民の戦意を萎縮させるな、という軍や政府からの圧力があったのは明白である。

こうした科学者や指導者、国民の引き起こすゴタゴタを、前線の特攻隊員は冷ややかな目で見ていた。

神風特攻隊第二七生隊員として四五年四月一二日に出撃戦死した海軍少尉・岡部平一（二二歳、台北帝大、一四期飛行予備学生）は同年二月二二日の日記に、

われらが黙って死んでいくように、科学者も黙って科学戦線に死んで戴《いただ》きたい。その時はじめて日本は、戦争に勝ち得るであろう。もし万一日本が今ただちに戦争に勝ったら、それは民族にとって致命的な不幸といわねばならない。／生易《なまやさ》しい試練では、民族は弱められるばかりである。（海軍飛行予備学生第十四期生会編『あゝ同期の桜』）

と書いている。自分たちは上官である大西瀧治郎の言うとおり、日本民族再生のためという名目のもとで死なねばならない。「新兵器」が現れれば死なずにすむだろうが、その気配はない。それにもかかわらず、内地の科学者や国民は言い訳や内輪もめばかりで、ちっとも努力しようとしない。ならばせめて黙っていろという、軍のみならず同胞全体にも向けられた痛烈な批判である。

小括

日本独自の「新兵器」特攻に対する一般国民の反応はさまざまであった。肯定と批判の双方があったが、多くの国民は早い段階でその効果に見切りをつけたり、関心を失っていったようにみえる。それでも、特攻を続けていればいつか米国が参るのではないか、というわずかな希望はあり、それを明確に否定しうる材料はこの段階ではなかった。かくして特攻はずるずると続けられていく。

第二章　沖縄戦から降伏へ

1　一撃講和への固執

「大和民族一億を鏖殺する鉄量なし」

ここまでみてきたように、一九四五年一月から二月にかけて、国民のあいだには「神風」特攻による勝利への絶望が広がっていた。同じような絶望は指導者層のあいだにも高まっていた。それをひときわ強く感じていたのが昭和天皇である。天皇は四五年二月、重臣（首相経験者）たちを個別に呼び、戦局の見通しを聞いた。

このとき最後に呼ばれたのが、前首相・陸軍大将の東條英機である。東條は一九四五年二月二六日、天皇の前で「敵が戦艦一隻を、また空母一隻を増したりと知りて、我またこれに倣《なら》わんとするも及ばず。我は特攻隊によらば一、二機の飛行機と爆薬または快速艇をもってこれに対抗するの策を講ずべし。かくの如《ごと》くに戦闘の方法を考えるとき対抗の仕方も立つべく、また所要の兵器の生産には事欠かざるべし」（藤田尚徳『侍従長の回想』）と戦争継続の強硬論をとうとうと述べた。

この強気一辺倒の意見に、天皇はありありと不満の表情を浮かべていたという。しかし、ここで注意すべきは、この東條の特攻隊重視論を天皇も真正面からは否定しなかったことである。

よく知られているように、天皇は近衛《このえ》文麿《ふみまろ》元首相の即時和平の上奏（二月一四日）を「もう一度戦果を挙げてからでないと中々話は難しいと思う」と述べて否定している（木戸日記研究会編『木戸幸一関係文書』）。つまり、天皇も軍も、特攻による「決戦」で敵の戦意を喪失させて講和するという〈戦略〉に固執していたのである。フィリピンでの「決戦」に敗退した以上、次の機会を見つけるしかない。

その最後の機会と位置づけられたのが沖縄戦（一九四五年三～六月）である。日本軍は沖縄をフィリピンに続く一撃講和の機会とも、本土決戦への時間稼ぎともみなしていたが、海軍の及川軍令部総長はサイパン陥落後の戦争を「大きな賭博」と呼んでいた（木戸日記研究会編『木戸幸一日記 下巻』四五年四月五日条）。まさに沖縄戦は最後の賭けであり、その元手にあたるのが沖縄の軍民、そして特攻隊員たちであった。そして、内地の国民にとっては自らの命を賭けた「一億総特攻」の瞬間がいよいよ近づいてきたことになる。

軍はフィリピン戦に代わる「決戦」準備のため、国民に戦意高揚の檄《げき》を飛ばした。陸軍が民間に発行させていた宣伝雑誌『報道』の四五年二月号巻頭言は、いかに物量を誇る敵といえども、「帝都を灰燼《かいじん》に帰する鉄量」はあっても「大和民族一億を鏖殺《おうさつ》〔皆殺し〕する鉄量」はない、最後の一人まで断乎《だんこ》皇国の護持に任ずることこそ「若き清浄の肉体を大空に飛散せる特攻隊員への無上の手向《たむ》けの花」だと訴えている。

この一億挙げて特攻隊員に続けというたい文句は、特攻がその開始段階からはらんでいた宣伝的性格をよく表す。そしてこの一ヵ月後の三月一〇日の東京大空襲で、帝都東京の大半がほんとうに「灰燼に帰する」に至る。

ここで軍の掲げた論理は、いくら米軍の物量が豊富でも一億国民を皆殺しにはできないのだから、最後まで頑張り抜くべきだというものである。しかし仮に、敵が一億を「鏖殺」できる新兵器を作り上げ、使ってきたらどうだろう。この強硬論は根底から崩れることになる。この点を記憶しておいていただきたい。

神風到来は国民の努力次第

このような軍の徹底抗戦論をうけて、与野町長の井原和一は一九四五年二月二三日、町民たちに次のような演説をした。

戦局の大勢は極めて悪い。ルソン島に於《おい》て我が軍は出血作戦にかえて何故殲滅《せんめつ》作戦を行わないか、不逞《ふてい》にも本土来襲した敵機動部隊をなぜ潰滅しないか、敵硫黄島《いおうとう》上陸軍をなぜ撃攘しないか、答えは只一つ、航空機である。飛行機さえ十分あるならば、比島の制空権を獲得し、敵を殲滅することも、機動部隊を潰滅することも、硫黄島を確保することも決して難事ではない。（与野市教育委員会市史編さん室編『与野市史 別巻 井原和一日記Ⅴ』）

井原は軍を信頼して決戦の「神機」すなわち神の与えた好機の到来を待て、それが敵にどの程度の痛打を与えられるかは国民の努力次第だ、と町民たちに訴えた。彼は軍の宣伝スピーカーという自らの役割を忠実に果たしていた。

注目すべきは、この演説が地元の駅で「英霊」の遺骨三柱を町民とともに出迎えた際の挨拶だったことである。飛行機さえあれば戦局を挽回できる、そのためには国民の増産努力が大切だという精神論が、地域の指導者の口から、地元出身者の死を無駄にするなという文脈のもとで語られていたのは注目される。人びとがここで戦を止めては戦死者に申し訳ないと考えているかぎり、戦争は続くことになるからだ。

もっとも、井原が同年一月の時点で勝利へのひそかな疑念を覚えていたことを思えば、どこまで自分の言葉を信じていたかはわからない。

そして、このような軍のくりかえす説教への倦怠感も社会を覆っていた。八王子の郵便

特定局長・村野良一は四五年二月一六日の日記に「流行語一束」と題して、

嫌になっちゃうよ（銃後の生活のどこにも当てはまるから妙）

処置なし（軍）　没法子《メーファーズ》〔しかたがない〕

米の物量には我が皇軍も処置なしの場合が起る。

泣かせる（軍）　感激させる

と書いている（八王子郷土資料館編『八王子の空襲と戦災の記録 市民の記録編』）。「特攻隊の若者に続け」「精神力で敵の物量に勝つ」といった軍のお涙頂戴の宣伝に対する、国民の控えめだが核心を突いた風刺といえる。

そしてこの一六日、米機動部隊の艦載機が初の日本本土空襲をおこない、「国内戦場化の序幕は切って落された」（同日の村野日記）のであった。

特攻でほんとうに勝てるか？

東條英機は天皇に戦争を続けるための説得材料として特攻を使っていたが、軍は同じような説得を国民にもおこなっていた。陸軍航空本部航務課長・陸軍大佐の飯島正義《いいじままさよし》は一九

四五年三月の雑誌で少年たちに、

例《ママ》え全世界を相手にし、我に百倍する物量の力を一手に引受けても、敵に千倍する偉力でこれを撃攘する限り、断じて皇土に夷敵《いてき》を寄せつけるものではありません。幸いなことに、我国はドイツなどと事情を異にして四周環海、敵としてもどうしても大船団を以て攻めて来なければなりませんが、そうなれば我に数千数万の特攻隊あり、敵としては全滅の憂《う》き目《め》を見ることになるでありましょう。（飯島「特攻精神で続け」『飛行少年』八―二）

と訴えた。日本はドイツと異なり島国であり、特攻隊というごく少数の犠牲ではるかに大量の米兵を船ごと海中に葬り去ることができる、だから不敗であるという、単純だがわかりやすい理屈である。

しかし作家の伊藤整は、四五年一月二五日の時点で、こうした楽観論への疑念を日記に書き付けていた。「しかし敵はやって来る……我決死隊に沈められる量を予定し、それ以外の量によって十分に作戦出来るという絶対の力量を持って攻めて来ている。まるで敵は軍隊ではなくて機械である。戦闘ではなくして無限の生産力の展開である。肉体をもって相争《あいあらそ》うには、あまり〔に〕巨大なる鉄と火薬の量の誇示である。鉄の波であり、殺人器械の行進である」と（伊藤『太平洋戦争日記（三）』）。

それでも、伊藤はいざ沖縄戦がはじまると、祈るような思いで特攻に一縷《いちる》の望みを託した。四五年四月一八日の日記には、「この島に於て日本はたしかにその国の運命を賭《と》しつつある。取っておきの航空兵力を総ざらいに持ち出し、精兵を挙げて空中と海中の特別攻撃隊員として注入し、敵の千四百隻という艦船を片はしから撃沈して行っている……ここで敵の海上兵力を撃破し去らなければ、我方はその時こそ危いという外ない」と、特攻に祈るような期待をかけていた（同）。

この四月、特攻に対する国民の見方には、期待や希望とは異なる冷めたものもあった。四月一九日、陸軍のある高射部隊の一等兵は「日本の特攻隊の飛行機は七、八年前のものまで使っている　沖縄の敵を全滅させたといっても全兵力の四割位だから問題にならない」と「自己の憶測より日立造船所内人夫部屋にて人夫四、五名に洩《もら》」し、憲兵検挙取り調べのうえ、所属部隊に通報された（南編『近代庶民生活誌　第四巻　流言』）。

特攻に対する伊藤の見方は「問題にならない」と一蹴されている。実際、沖縄への特攻には旧式の練習機までが投入され、米艦艇の被害も、沖縄撤退を決断させるには至っていない。だからこの「流言」は事実であり、伊藤の希望はむざんに打ち砕かれている。

また埼玉県のとある市役所書記（二六歳）は四月二〇日、「特攻隊は命令〔で〕なるのであって、若《も》し命令を聞かなければ銃殺されるそうだ」と、他より聞いた話を市役所で他の数名に流布して、憲兵厳諭のうえ始末書をとられている（同）。

このように特攻の力に対する国民の不信感は否めないのだが、一方で新聞が沖縄の戦局好転中、あと一押しという景気のよい報道をしたため（本書一〇二頁参照）、短期間とはいえ明るい空気も国民のあいだにあったようだ。清沢洌は一九四五年四月二〇日の日記に、「沖縄戦が景気がいいというので各方面で楽観説続出。株もグッと高い。沖縄の敵が無条件降伏したという説を僕も聞き、瞭《あきら》〔長男〕も聞いてきた。中には米国が講和を申込んだというものがある。民衆がいかに無知であるかが分る。新聞を鵜呑《うの》みにしている証拠だ」と書いている（清沢『暗黒日記 三』）。

特攻は、新聞と国民の想像力のなかでだけ、沖縄の米軍撃退に成功したのであった。

新聞は特攻隊の挙げた〝大戦果〟を、国民の不満を慰撫するためにさっそく利用した。四五年四月二〇日付『朝日新聞』の「一億が送るぞ特攻機 断じて逃さじこの勝機」と題する記事は「飛行機が足りぬ足りぬと聞かされて来た、こんなに作っているのに、こんなに一生懸命になっているのに何故足りないのであろう、作れ作れとせき立てられてはついに『お説教はもう御免だ』と腹を立ててみたくもなった」と国民の鬱憤《うっぷん》を代弁するかのように書いている。

しかし今回の戦果で「ああ作った飛行機がお役に立ったのだ、一機一艦、立派に敵艦を沈めてくれたのだ、しかも敵は今や混乱状態に陥っているという」、しかし「特攻隊を乗せて征く飛行機が、まだまだ、もっともっと沢山要るのだ」と訴えた。

これだけ飛行機増産に頑張ってもだめなのかという国民の絶望を慰撫し、自発性を喚起させる宣伝材料として、特攻隊員が使われている。特攻が国民に対する飛行機増産の宣伝材料であったことをあらためて確認させる記事である。

沖縄も絶望

しかし四月半ばの大戦果の報にもかかわらず、同月末になっても沖縄から米軍を撃退できないとなると、国民の戦局観は変わらざるを得ない。作家・伊藤整は一九四五年四月二六日の日記に戦局への不安の念を書きつけた。

一次、二次、三次、四次と最近まで我方の特別攻撃隊は敵艦船を海上に大量に沈め去った。敵の犠牲も大きいが、その間になお敵は補給を強行して兵器、兵員を陸揚《りくあげ》した。……敵は地歩を固めて来たのだ。こうして制空権が敵手に次第に帰せば、レイテ島でそうだったように我方の不利は日一日と濃くなるのではないか。沖縄戦については敵を海上に殲滅する無二の好機として我方楽観説、少くとも戦局好転説が多い。しかし、じりじりと敵はしがみついている。……欧洲の情勢を考え合せれば、将来を明るく思うことは私には出来ない。敵は今では世界中の船と軍艦とを持って来てこの一小島の戦に注入することだって出来るのだ。（伊藤『太平洋戦争日記（三）』）

伊藤の日記には、極秘のはずの特攻兵器「桜花」のことも出てくる。彼は五月六日の日記で、これまでとは目先の変わった新兵器と言える「桜花」に一縷の望みを託していた。この時期、軍が「桜花」の報道規制を解除したからであるが、伊藤はこの正月に「大型飛行機の胴本から飛び出して行くロケット飛行機による特攻隊のこと」を極秘で聞いていたという。新聞報道は「桜花」の出現により「特攻隊は日本の戦略武器であって、これに対しては戦法を変え、更に大きな戦力注入を要する、と敵側で言い出した」と報じた。伊藤はこれを読み、「今度こそ、我方が沖縄で成功するかも知れない。そうあってほしい。是非そうあってほしい」と藁《わら》にもすがる思いであった（同）。

しかし実際には、「桜花」の昼間集中使用は沖縄の前哨戦の段階で失敗しており（本書九六頁参照）、以後は少数が薄暮《はくぼ》または黎明《れいめい》時に使用されるに止まっていた。つまり、「沖縄で成功」して戦局を一挙に挽回するだけの効果はなかった。

一方、伊東の書店主・竹下甫水は沖縄戦に何の期待もかけず、軍やメディアの情緒的な特攻報道への批判を密かに続けていた。四五年五月三一日の日記には、愛児の搭乗した特攻機が離陸する刹那《せつな》に駆けつけた母が、涙一滴落とさずにパラソルを振っていたとその気丈ぶりを激賞する新聞記者がいた、だがこんな時にはどんなに悲しくても涙は出ないものだ、こんな大切な人間心理は浅薄な新聞記者などにはわからない、「神鷲、神雷、特攻魂、そういった美辞麗句丈《だけ》では、此《こ》の少年達の父兄の悲しみを慰安することは出来ない」。

竹下がこのように書いたのは一九四〇年に長男雄二郎を二六歳の若さで亡くしていたからである。彼にとって、軍やメディアの特攻賛美は国民を「泣かせる」ために繰り出される美辞麗句でしかなかった。

このころ国民のあいだには、日本の敗戦を積極的に願う者まで現れた。東京の無職女性は四五年四月二四日、「此の戦争は敗けた方がよい、指導階級には悪い結果になるが私達には関係ないから。『アメリカ』人はそんなに悪い人間ではない。日本が敗けて米兵が上陸して来れば判《わか》る」と近隣者数名に流布し、憲兵に厳諭された。同人は三九歳のダンサーで在米経験があり、親米思想を持っていたとされる（南編『近代庶民生活誌　第四巻　流言』）。

栃木県の国民学校訓導（三六歳）は四五年五月一五日、「沖縄で特攻隊が頑張っても敵は平気で攻めて来る『云々』貯金等せんでもよいどうせ戦争は負けるんだ」と授業時間中生徒六十数名に洩らし、「警察捜査中」となった（同）。

だが、同じ国民のあいだには、依然として特攻に期待をかけつづける人もいた。四五年五月二〇日、新潟市で自動車に乗ったある乗客は、「日本は飛行機が足らぬと言うがそんなに悲観することはない、宇都宮附近には沢山の飛行機が掩体《えんたい》〔飛行機を格納して敵の攻撃から守る施設〕で匿《かく》されて居り先月も特攻隊が飛び出した。又大谷《おおや》〔宇都宮市北西部〕を掘った跡には地下工場が出来て盛《さかん》に飛行機を作っているとのことだ」と話した（同）。

この会話は、運転手の女性（一八歳）が聞きつけ、警察官に洩らしたことで記録に残ることになった。「宇都宮」は陸軍の飛行場や中島飛行機の工場があったので、これを指しているようだ。

本土決戦論批判

戦争中、もっとも辛辣な特攻批判をしていたのが、郷里の愛知県渥美《あつみ》半島に疎開して農業をしながら作家活動をしていた評論家の杉浦明平《すぎうらみんぺい》（一九一三〈大正二〉年生）である。沖縄の戦局が絶望的となっていた一九四五年六月一一日の杉浦の日記には、爆弾に跨《また》り、特攻機に乗り、或はベニヤ板製の特別潜航艇とともに我身を破片と化すこともいとわない、しかしそれを果して勇敢と称しうるだろうか。日本人は犬のように、勇敢だがお上に向っては一つの口答えもなす気力をもたず、正しきものと不正との区別さえ出来ない、武器をよこさぬ奴らに武器を要求する勇気がなく、唯々《いい》として竹槍をかついで目をつむって敵弾の中に突入するのである。余りの愚かしさに言葉さえ出ない。（若杉美智子・鳥羽耕史編『杉浦明平暗夜日記』）

とある。そして日本人が竹槍で敵陣に突入したところで「そのために何人か些《いささ》かでも幸いになりうるか、よきことが起りうるか、世界の文化に一片の貢献でもなしうるか、或は子供たちによいことがめぐりうるか、皆否」と切って捨てている。

杉浦の六月一六日の日記は、軍の唱える「一億特攻」論への批判に及ぶ。米軍は日本本土に七〇万の兵を上陸させるといっている、日本軍は「一億特攻だから百人で一人を殺してもなおお釣りがくると称している」が、実際には外地に取り残された兵隊などを除くと二〇〇〇万ぐらい、その半分は女でしかも大部分は竹槍以外に何一つ武器を持たない、「従って一対百でも向うは草を薙《な》ぐように百人を薙ぐに困難ではない」という（同）。

同じく特攻の批判者だった竹下甫水も、六月二〇日の日記に、

過日某所に於て七十歳になる退役将軍がこんな話をしたそうである。「アメリカが日本本土に上陸するが如きは容易でない。独逸《ドイツ》と違い四面環海だからである。例え《ママ》上陸に成功したからとて日本には無限の特攻隊があるから、幾千幾万の艦船でも海底の藻屑《もくず》にしてやる」と。……此《こ》の将軍は最早《もはや》老耄《ろうもう》に近く恐らく近代武器の発達を知らんのであろう。我々素人と雖《いえど》も敵に対し、しかく単純な解釈は下して居ない。（竹下『竹下甫水時局日記』）

と「無限の特攻隊」すなわち一億特攻の本土決戦に期待する軍の主張を否定している。竹下は「あれほどの犠牲を払っても沖縄は遂に敵手にゆだねざるを得なかったではないか」とも言う。

杉浦や竹下の辛辣かつ的確な特攻―本土決戦批判は、じつは昭和天皇をはじめとする戦争指導層の意向とも一致していた。そのことは、天皇が六月二二日の御前会議で、ソ連を仲介とした和平工作の開始を正式に命じたことからもわかる。軍はなおも本土での徹底抗戦を叫んだが、竹下の「素人」論に理詰めで抗弁するのは難しかったはずだ。

結局、沖縄守備隊は特攻隊の大挙出撃も空しく、六月二三日に組織的抵抗を終え、沖縄は陥落した。大本営は同月二五日、国民に向けて沖縄陥落を発表したが、そのなかで作戦開始以来敵に与えた損害は地上の人員殺傷約八万、敵艦船撃沈破約六〇〇隻と報じ、「戦場の我官民は敵上陸以来島田叡《しまだあきら》知事を中核とし、挙げて軍と一体となり皇国護持の為終始敢闘」したと述べた（冨永謙吾『大本営発表　海軍篇』）。

この発表で、米側に与えた人的被害の大きさが艦船のそれよりも強調されているのに注目したい。沖縄戦で軍と県民が「一体」化して挙げた〝大戦果〟を、一億国民が総特攻すれば本土決戦の成功はまちがいなしという強硬論の証拠に使う意図が透けてみえるからだ。

沖縄戦後の米側戦争方針

トーマス・アレン、ノーマン・ポーマー『日本殲滅』は、沖縄の日本軍が「奪い取った米兵の人命の総数は一万二五二〇名に達し、負傷者数は三万六六三一名に上った。両者とも、太平洋での他の攻略や戦闘で発生した数字を上回る」という。この死亡者には艦上の死者四九〇七名、負傷者四八二四名が含まれる。

たしかに特攻機により多くの米艦艇が撃沈破された。突入された米艦艇のなかでは、大勢の米兵が窒息や大火傷による惨《むご》い死に方をした。マクスウェル・テイラー・ケネディ『特攻 空母バンカーヒルと二人のカミカゼ』は、その有様をこれでもかというほどに描写している。だが問題は、そのことが日本側の狙いである米国の戦意喪失、対日妥協につながったかどうかである。

アレンらは「沖縄の陸地とその沖合の艦艇で被った莫大な損失は、対日戦の継続方法をめぐる米国の決定に大きな影響を与えることになった」と指摘する。来たるべき日本本土攻略ではさらに大きな犠牲が予測されたからである。あえて本土上陸せずとも、爆撃と海上封鎖で日本を締め上げ、降伏に追い込むという選択肢もあった。一九四五年五月に対独戦が終わっており、米軍は議会にせき立てられて兵士たちの動員解除を始めていた。米国の戦争指導者たちにとっては、自軍の物的な損害よりも、人命のそれが問題であった。

炎上する米空母バンカーヒル（1945年5月11日）

しかし、六月一八日、トルーマン大統領は、本土上陸こそ戦争終結の唯一の手段と確信する軍人たちの助言をうけて爆撃と封鎖方針を退け、日本本土上陸を決断した。彼自身にとっても、日本との交渉による和平の可能性は政治的にありえないものだった（アレン他『日本殲滅』）。結局のところ、日本側は特攻で米兵の命を奪うという戦略の達成に失敗したのである。特攻の「効果」は米艦艇に与えた損害などではなく、この点から判定されねばならない。

その後米国は原爆を完成させる一方、スティムソン国務長官の努力により、対日降伏勧告であるポツダム宣言を発した。しかしそこに天皇の地位についての言及はなかった。米国内の厳しい国内世論に配慮した結果といわれる。大統領自身は日本が宣言を受けいれて降伏すればそれでよし、拒否すれば原爆投下、どちらにしても得るところはあるというスタンスだったという（山田康博『原爆投下をめぐるアメリカ政治』）。

ポツダム宣言が天皇制の維持に言及しなかったことは、日本側にとっては「国体護持」すなわち戦争を止める大義名分が立たなかったことを意味する。そのため宣言は黙殺された。

かくして八月六日に広島、九日に長崎へ、アメリカ独自の「新兵器」である原子爆弾が投下される。

2 本土決戦と原爆投下

本土決戦に勝算ありや

沖縄陥落後の陸軍は、少なくとも表向きは本土決戦を決行するつもりで、政界要路の説得に回っていた。元首相の近衛文麿は一九四五年六月二七日、海軍少将の高木惣吉《たかぎそうきち》に対し、一昨日陸軍の大本営陸軍部戦争指導班長・種村佐孝《たねむらすけたか》大佐が来て、夜の一一時ごろまで本土決戦は可能と説明したと語った。その論拠は「〔米軍が〕一〇〇万来るとして、一ケ所に五〇万、特攻三分の一命中として、海上にて二分の一撃滅、之に一〇〇万集中、最遠地域にても徒歩四五日、海軍一五〇万を加うれば五〇〇万、新兵器は計算に入れぬ等々」というものだった（伊藤隆編『高木惣吉 日記と情報（下）』）。

種村は近衛ら重臣の和平活動に衝撃を受け、あわてて「本土決戦は成算あり」と重臣たちに説明にまわったのである。

ここで本土決戦可能とされた根拠は、米軍一〇〇万が（おそらく南九州と関東の）二ヵ所に五〇万ずつ襲来する、特攻機が三分の一命中すれば米艦船の半分を海上で撃滅できる、残った米軍二五万に味方陸軍は一〇〇万人の兵力で対抗する、どの地点に上陸するかは不明だが、味方は最も離れた地点からでも四、五日で歩いてこられるし、海軍も入れれば兵力はもっと増える、というものだった。

注目すべきは、ここでも航空特攻が米上陸軍の勢力を減らし、勝利をつかむための鍵扱いされていることだ。しかし、種村の構想をよく読むと、米軍に本土上陸を許すのは既定路線となっているのに気づく。彼ら戦争指導班自らが五月六日に「一旦上陸を許さば之を撃攘は殆《ほと》んど不可能」と言っていたはずだったが。

種村の発言の末尾にある「新兵器」は彼我どちらのものともとれるが、仮に米軍が何らかの「新兵器」を使ってきたとすれば、この甘い見通しはたちどころに崩れてしまう。

伊東の竹下甫水は、別の面から本土決戦不可能である理由を七月一一日の日記に書いている。この日、米と豆粕の配給が「一人一日分が一合八勺」となった、これは戦前の半分である、これで米英の戦車が上陸したら竹槍で海へ突き落とせというのだ、戯言《ざれごと》ではなく、指導者が真剣に言っているのだ、という（竹下『竹下甫水時局日記』）。これで本土決戦は成り立たない。

そもそも近衛ら指導者層の一部が和平工作を始めたのは、竹下を含む一般国民の不満が爆発しかねないと恐れたからである。作家・大佛次郎は七月一九日の日記に、国民の不満爆発を危惧している。

ただいつも何も事実を知らずに来て最後の時が来て突放《つきはな》されるのである。いよいよその次に何が来るのか。誰れも知らない。しかしそう悲観もしていないのは、どうしたことか。ただの諦従《ていじゅう》の習慣と見たらこれは危険である。羊の如くそれには違いないが、羊飼《ひつじかい》よりも羊の方が賢こいようである。指導者がこの隠れた危機を感じているだろうか、危いことである。（大佛『終戦日記』）

と書いた。「羊」の国民はレイテ「決戦」以後、「羊飼」の指導者に勝つ勝つといわれながら、突然裏切られ続けても黙って従っているようにみえる、だがほんとうにそうだろうか、という危機感である。本書一九六頁で述べたように、「此の戦争は敗けた方がよい、指導階級には悪い結果になるが私達には関係ない」という民草の声も聞かれはじめていた。大佛と同じ危機感は「羊飼」の指導者側も感じていたはずで、それが昭和天皇や近衛文麿らの終戦工作の原動力になっていたのである。

大佛は七月二〇日の日記にも、「茨城沿岸の小さい町がまたどれも襲われた。上陸はやはり九十九里浜方面になるのだろうか。何となく苦もなくそのことが決行されそうに見える。そしてその後は国中蜂の巣をつついたような混乱となって現れそうである。国民が暗々裡《あんあんり》に軍の権威を信じなくなって来た」と国民の不満爆発の可能性について書いている（同）。

もし本土決戦が起こったら国民は軍や指導者を見捨て、国は大混乱に陥るだろう、との見通しである。これでは本土決戦など成り立たない。

ただ、同じ日本でも、都会と田舎では戦争の前途に対する見方が大きく異なっていた点には留意しておきたい。大佛の七月三〇日の日記には、「延ちゃんが来てそれでも田舎では敗けるというと怒られそうな空気だという。茄子《なす》も胡瓜《きゅうり》も出さかりで一貫目二十円（田舎でさえ五円）一個が五十銭ぐらいと云う。百姓は景気がいいと信じているのであろう」とある（同）。

都会と田舎では戦争の前途に対する見方が大いに違っていたわけである。都会のように空襲に焼かれたわけでもなく、物も収入もある田舎では、楽観論がなお有力だった。

「新兵器」原爆

追い詰められた日本国民のあいだでは、あいかわらず新兵器待望論が唱えられていた。その一例が大佛次郎の八月六日の日記である。

小川〔晴暘《せいよう》〕氏話して見ると戦局に無智である。地方に住む人の代表的な考え方であろう。今やめたら大変なことになる、という。二・二六の如く重臣を排撃し、青年将校のみで飽くまで戦おうと企てる革新暴動が起るのではないか、という。宣伝せられた本土作戦に希望を持ち切《しき》りと「新兵器」に期待をかけている。（大佛『終戦日記』）

呉からみた広島原爆のきのこ雲（1945年、朝日新聞社提供）

知人の言う「新兵器」は特攻機か原爆か、あるいは未知の目新しい何かなのか。きわめて皮肉なことに、まさにこの六日、米軍は「新兵器」原爆を広島に投下していた。

対する日本軍はその一ヵ月

ほど前、原爆開発を放棄していた。参謀次長・陸軍中将の河邊虎四郎《かわべとらしろう》は七月一二日の日記に、「ウラン」研究、つまり原爆開発中止の件を書いている。

航本の小山技術少佐来りて「ウラン」の研究を実質的に中止するの件、決済《ママ》案の連帯を求め来れり　日本の技術は到底望をかけ得ざるか　最近に於ける秋水《しゅうすい》の失敗然り　㋑号の遅々たる亦然り　低級なる「キ一〇〇」とか「キ一一五」の現状を以て、我が航技の誇として居るべきか　雨の中、雲の上よりB29は、平然として我が小都市を誤らず焼く　我に対抗の手段なくして、唯逃げまわるの外なし　吁《ああ》（河邊虎四郎文書研究会編『承詔必謹』）

文中の「航本」は陸軍航空本部、「秋水」はB―29迎撃用のロケット戦闘機、「㋑号」は対艦無線誘導弾（今でいう対艦ミサイル）、「キ一〇〇」は五式戦闘機、「キ一一五」は特攻専用の小型機「剣《つるぎ》」をそれぞれ指す。

河邊は米国の科学力への対抗手段が「低級」な特攻機しかないことを自嘲している。特攻機に代わるはずの無線誘導弾は結局実用化できなかった。対する米国は七月一六日、世界初の核実験を成功させていた。

原爆で敗戦を覚悟

八月六日、広島への原爆投下とその大きな被害を知った指導者層のあいだに動揺が広がった。陸軍大将・真崎甚三郎《まさきじんざぶろう》は八月八日、警視庁の各界意向調査に応じて、損害程度の大きい点から見てまちがいなく原子爆弾であると想像される、米軍が軍隊の密集している各部隊施設にこの爆弾を投下すれば一瞬にして数万の将兵が殺傷される、「そうなったら口先丈《だ》けでは如何《いか》に強がりを言って見た所で戦争を持続して行くことは絶対に出来なくなる」と語った（警視庁「広島市爆撃問題に対する反響に就て」粟屋憲太郎編『資料 日本現代史 二』所収）。

陸軍中将・建川美次《たてかわよしつぐ》も同じ八月八日、「自分は決して反戦論を好むものではないが、残念乍《なが》ら敵側に偉大な科学兵器が完成された以上、之に対抗すべき方策が無いとすれば軍部だけに委《まか》せて置かずに政府は慎重に考慮する必要があると思う」と述べた（同）。

陸軍中将・谷寿夫《たにひさお》も八月八日、「今ですら国民が既に萎縮して居る所に此の威力のある爆弾が次々と投下されては、如何に当局者が立派な口を聞〔利〕いて見た所で、民心の恐怖心から戦争に対する厭戦気分は自然濃厚となり、人間の力では及びもつかぬ問題が起きて来る虞《おそ》れがある」と、国民の反乱防止の見地から、戦争終結を主張した（同）。

このように、「偉大な科学兵器」、一部の国民が恐れていた新兵器の原爆が使われていた以上、降伏もやむなしという意見が軍人からも口々に唱えられた。真崎は昭和初年の陸軍の派閥抗争、二・二六事件のあとで軍の現役を追われた皇道派の人物である。彼らは対米戦争を推進した陸軍主流派とは政治的に相容れず、もともとこの戦争に乗り気でなかった。ゆえに近衛文麿らと結んで和平を模索していた。

指導層に対する国民の反乱の可能性にまで言及した真崎らの意見は、現役軍指導部からみても、けっして的外れではなかった。いくら米軍といえど「大和民族一億を鏖殺《おうさつ》」できはしないのだから徹底抗戦あるのみ、という強硬論の大前提が、わずか一発で都市を全滅させる「新兵器」の出現により崩れ去ったのである。

指導者たちは、この原爆こそが国民に降伏を受け入れさせるための格好の材料になりうると考えた。農商大臣・石黒忠篤《いしぐろただあつ》は八月九日、ポツダム宣言受諾の可否をめぐって開かれた閣議で、（広島に投下されたのが）原子爆弾かどうかは明確ではないが侮《あなど》れない、対策がないかぎり（降伏を）考えねばならない、今次戦争は科学戦に負けたもので「国民の間に軍にあきたらざる感あるも科学戦に負けたとすればあきらめもつく」だろう、と述べた（佐藤元英・黒沢文貴編『GHQ歴史課陳述録　終戦史資料（上）』）。

石黒がいいたいのは、この戦争は原爆、「科学戦」で負けたのだといえば国民も諦めるはずだから、それを口実に戦争を終わらせるべきだということである。「科学戦」を持ち出せば、その敗因を作ったのが誰なのかを曖昧にでき、軍や政府の指導者層に対する国民の敗戦責任追及の矛先をかわせると計算しているのだ。

「科学の力は特攻も対抗し得ず」

では、国民の側は原爆投下、広島壊滅の報に接して何を考えただろうか。日本ＳＦの父として知られる作家・海野十三《うんのじゅうぞう》は八月九日の日記に、「広島市に初投下せる新型熱線有傘爆弾」について、新兵器は出現当初こそ対策がないので一定の効果を発揮するが、やがて対策が取られて被害が減少する、それは「わが特攻隊の出現は敵陣を大恐怖せしめたが、今ではいろいろの対策がとられて、或る程度の効果をあげている」のと同じだ、と書いた（海野『海野十三敗戦日記』）。

ここで海野が言っているのは、米国の新型爆弾（まだ原爆かどうかは不明）と日本の特攻を完全に同一視し、どちらも最初は相手に衝撃を与えたが、そのうち対策がとられ被害を食い止められるようになった、したがって臆することはない、という強気な意見である。

しかし、新型爆弾の正体が原爆であるとわかったとたん、海野は考えを一変させる。八月一〇日の日記には、「降伏を選ぶか、それとも死を選ぶか？　とトルーマンは述べているが、原子爆弾の成功は、単に日本民族の殲滅にとどまらず、全世界人類、否、今後に生を得る者までも、この禍《わざわい》に破壊しつくされる虞《おそ》れがある」、だから「戦争は終結だ」とある（同）。彼にとっての原爆は、特攻などとは比べようもない窮極の「新兵器」であった。

海野が述べた、特攻は科学の力にかなわない、だから戦争はやめるべきだ、という論法を完全に共有していたのが昭和天皇である。天皇は八月一四日、永野修身《ながのおさみ》、杉山元、畑俊六《はたしゅんろく》の陸海軍三元帥を呼び、戦局急変してソ連が参戦し、「科学の力は特攻も対抗し得ず」、よってポツダム宣言を受諾するしかなくなったが、どう考えるかという「御下問」をおこなった（防衛庁防衛研修所戦史室編『戦史叢書 大本営陸軍部〈一〇〉昭和二十年八月まで』）。

これに対し、畑俊六は本土決戦時の西日本防衛を統轄する第二総軍総司令官として、自分は広島にいて昨今の状況を詳しく知らない、担任正面で敵を撃攘できる確信は残念ながらない、と申し上げるほかないと答えた。降伏もやむを得ない、という含みがある。

このとき永野と杉山はなお徹底抗戦を唱えたが、結局は『戦史叢書』がいうように「天皇の堅い御決意を承《うけたまわ》るだけの結果」となり、降伏は既定路線となった。

トーマス・アレン他『日本殲滅』は「原爆が侵攻に代わる選択肢をトルーマンに与えたように、それは戦争を終わらせるためのもう一つの方法を天皇に与えた。『残酷きわまる新型爆弾』という言葉を出して、彼は国民に対し、われわれは降伏しなければならないと告げることができた」という。天皇にとっての戦争を終わらせる「もう一つの方法」とは、特攻による戦争継続と完全なる破滅であったが、そちらは慎重に回避された。

特攻幻想

対する国民は、敗戦直前になってもなお、特攻への幻想を持ち続けていた。原爆投下後の広島で傷病者の治療にあたっていた広島逓信病院長・蜂谷《はちや》道彦《みちひこ》は八月一一日の日記に、

痛快なニュースが府中方面からはいってきた。あれと同じ爆弾が日本にもあったのだ。……敵が使ったからこちらも使う。帝国海軍特別攻撃隊は特殊爆弾をもってアメリカ本土を攻撃せり、未《いま》だ帰還せざるもの二機、と大本営の発表があったという。……広島以上にやられているに違いない。……病室の空気が俄《にわ》かに明かるくなった。皆大喜びだ。怪我のひどい者ほど敵愾心《てきがいしん》が強い。……冗談が飛び、中には凱歌《がいか》をあげる者さえあった。（蜂谷道彦『ヒロシマ日記 改装版』）

と書いている。もちろんデマだが、身心に深刻な苦痛を強いられ、対米報復を心から

願った負傷者たちだからこそ、日本独自とされた特攻への期待がひときわ強かったといえる。

フィリピンで海軍の特攻作戦を指揮した大西瀧治郎中将は、この時軍令部次長に転じていたが、なお特攻による徹底抗戦を唱えた。外務大臣・東郷茂徳《とうごうしげのり》は八月一三日、戦争継続を説いて回る大西の姿を回想している。大西は東郷に「今後二千万の日本人を殺す覚悟でこれを特攻として用いれば、決して負けはせぬ」と述べ、どう思うかと聞いた。東郷は「自分は勝つことさえ確かなら、何人《なんぴと》も『ポツダム』宣言の如きものを受諾しようとは思わぬはずだ、ただ勝ち得るかどうかが問題だよ」と答えた（東郷『時代の一面』）。特攻で勝つ見込みはないのだから、もはや降伏しかないだろう、という返答である。

東郷の返答は「科学の力は特攻も対抗し得ず」という昭和天皇の論理に従ったものである。すでに大勢が決した以上、大西の特攻論は「二千万の日本人を殺したところが総《すべ》て機械や砲火の餌食とするに過ぎない」（同）とあっさり切り捨てられた。

そして政府やメディアは、降伏前から大西のみならず特攻隊員たちの切り捨てをはじめていた。八月一三日付『朝日新聞』は「聖慮を安《やす》んじ奉る途《みち》は一つ『一億の団結』」と題する奇妙な記事を載せた。

ソ聯の参戦、原子爆弾の使用、戦いは正に最悪の状態である。しかしわれわれ国民の大御心を奉戴し、一億一心に結ばれた心を、あの原子爆弾も如何ともすることが出来ないのは大いなる喜びである……だがその喜びの下から浮び上って来るものがある、あの特攻隊員らの顔である……いま私は彼等の英霊に告げたいのである、国民は君たちが信じていたように一つ心に結ばれている、この最悪の事態に処して一億団結、国難を突き破ろう、乗り切ろうとしていると。

きわめてわかりにくい書き方だが、この記事は、降伏という未曾有の事態に想定される国民の反抗や混乱を押さえるための地ならしである。原爆やソ連参戦という最悪の事態は、一億が心を合わせてともに降伏することでしか乗り切れない、我々も後に続くといって送り出した特攻隊員には申し訳ないことだが、彼らもきっと一億の団結（による事態乗り切り）を望んでいるはずだ、というのである。

もはや物言わぬ特攻隊員たちは、国民に一億「玉砕」ではなく「降伏」を促すための宣伝材料として体よく使われている。

3　八月一五日以後

宇垣中将の特攻出撃

八月一五日正午、昭和天皇はラジオを通じて、国民にポツダム宣言受け入れを自らの肉声で伝えた。放送の予定はあらかじめ国民に伝えられたが、内容まではわからなかった。

多くの国民は、それをソ連への宣戦布告、徹底抗戦の呼び掛けと考えていた。作家・高《たか》見順《みじゅん》は八月一五日の日記に「ここで天皇陛下が、朕とともに死んでくれとおっしゃったら、みんな死ぬわね」と妻が言い、「私もその気持だった」と書いている（高見『敗戦日記』）。

高見は当時三八歳、夫妻ともに天皇は徹底抗戦を呼びかけるとばかり思っていた。それは一億玉砕、夫妻の死を意味する。ところが、天皇の放送は「戦局必ずしも好転せず　世界の大勢亦《また》我に利あらず／加之《しかのみならず》敵は新に残虐なる爆弾を使用して　頻《しきり》に無辜《むこ》を殺傷し惨害の及ぶ所真に測るべからざるに至る／而《しか》も尚《なお》交戦を継続せんか　終《つい》に我が民族の滅亡を招来するのみならず　延《ひい》て人類の文明をも破却すべし」と、原爆投下を理由に降伏を宣言するものだった。前出の作家・海野十三が八月九、一〇日の日記に書いたことと完全に一致する。天皇と国民（の少なくとも一部）は「科学の力は特攻も対抗し得ず」という降伏の論理を共有していたことになる。

これでは特攻隊員の死はいったい何のためだったのか、ということになる。第一部で取り上げた特攻隊員・林市造の姉・加賀博子の回想には、「『大西中将には死んで頂く』と終戦の日に母が叫びました。日頃は気の長いおだやかな母が決然といったのに驚きました」とある（湯川達典『ある遺書』）。ここでいう「大西」は、特攻作戦を推進した責任者全体を指すと考えればよい。

特攻隊員ではないが第一部で取り上げた林尹夫の兄が、弟の戦死を知ったのは八月三〇日の夕方だった。その母は息子の戦死を知ると「枯れるように衰弱して翌年の二月十六日、眠りながら死んだ」（林『わがいのち月明に燃ゆ』）。

鹿屋で特攻作戦を指揮した第五航空艦隊司令長官・宇垣纏中将は八月一五日、部下の操縦する特攻機に同乗し、「皇国無窮と天航空部隊特攻精神の昂揚を確信し、部下隊員が桜花と散りし沖縄に進攻、皇国武人の本領を発揮し驕敵《きょうてき》米艦に突入撃沈す」との訣別電報を遺して沖縄に突入した（宇垣『戦藻録』）。

翌一六日、大西瀧治郎中将も「吾死《われし》を以て旧部下の英霊と其の遺族に謝せんとす」との遺書をのこし、割腹自決を遂げた。
宇垣は自らの特攻美学を部下を道連れにして貫いたかたちだが、これに対する国民の反応は冷たいものだった。大佛次郎は八月二〇日の日記で、「土佐沖と沖縄で敵艦隊へ突込んだ件がニミッツを怒らせ、上陸は早かろうと木原〔清。東京新聞記者〕君が東京から聞いて来る。停戦命令の出たあとに卑怯《ひきょう》な行動なのである。しかしやった奴は忠義でやったと思っている。悲しいことである。指揮者は少将だと云う。国民がその為に苦しむことになる」と評している（大佛『終戦日記』）。

沖縄特攻直前の宇垣纏中将

宇垣（少将、土佐沖は誤伝）の特攻出撃は戦が終わった以上「卑怯」であり、これから敵軍の支配を受けねばならぬ我々国民にとっては迷惑だと突き放している。

特攻継続論

多くの国民は一億総特攻で戦争が続くものとばかり考えていたから、各地で動揺が巻き起こった。高知県知事の内務大臣宛治安情勢報告によれば、同県窪川《くぼかわ》海軍航空基地の広江大尉は八月一五日、「左様な馬鹿な事があるか」「事実停戦とすれば窪川基地単独でも力の続く〔限り〕抗戦する」と言ったという（高知県知事「重大発表後に於ける治安状況に関する件」粟屋編『資料 日本現代史 二』所収）。

一方で、昭和天皇の「科学の力は特攻も対抗し得ず」という言葉をそのまま受け入れるかのように、降伏止むなしと諦める人もいた。陸軍一等兵・手島信雄は八月一五日、戦地のタイで「たった一発の原子爆弾によってこんなにもあっさりと世界大戦の終止符が打たれ様とは。神風も遂に科学の前に頭を下げたのか。陛下の命とあっては今更何とも致し方なし」と書いた（河邑厚徳編著『昭和二十年八月十五日 夏の日記』）

手島は当時二九歳、竹中工務店社員としてタイに赴任し、現地召集された。引用文中の「遂に科学の前に頭を下げた」「神風」は、当時の文脈では「特攻隊」の意味にもなろう。

かつて特攻に戦勝への期待を寄せ、飛行機の増産を国民に説いた与野町長の井原和一は八月一五日、天皇の放送を聞いた感想として「万事休すと、何となしに涙が出た」、「ぼーっと今後の事を考うるのみ。三千年の歴史に遂に汚点を残した一億国民等しく責任を感じ、今後の再起を誓うのみ」と日記に書いた（与野市教育委員会市史編さん室編『与野市史 別巻 井原和一日記V』）。

彼の頭の切り換えは素早い。敗戦「責任」は天皇や指導者たちではなく「一億国民」にある、だからみなで大いに反省して「今後の再起」をはかろうという、こののち指導者たちが国民に説くであろう「一億総懺悔《ざんげ》」の考え方が「一億総特攻」に代わって早くも示されている。両者は、一見逆の話のようで、じつは国民の自発性を前提とした表裏一体のスローガンなのである。

一方で、おめおめと降伏したのでは特攻隊に顔向けできない、という意見も聞かれた。都電運転士の大場国蔵は八月一五日の日記に、「父が血を以って求めた満州、朝鮮、台湾は敵手に落ちるのだ。そして満州事変以来大東亜戦争迄《まで》十ヶ年、幾多の護国の英霊に対し吾等は何の顔向けができようか。神風隊以来の特攻隊に対しても又然り」と書いた（河邑編著『昭和二十年八月十五日　夏の日記』）。

降伏は特攻隊への裏切りであり、申し訳ないという感覚もたしかにあったのである。大場は当時三五歳、敗戦を「一躍五流国への転落」と評し、「生活の再建もしも成らずんば一家ただ死を選ぶのみ」と述べていた。終戦は安逸な生活の訪れを必ずしも意味せず、深刻な不安に満ちていた。ならばいっそ華々しく死んだ方がまし、と考えたのかもしれない。

広島県呉《くれ》の砥石《といし》工場で働いていた会社員・向井健次も八月一五日、

世界の鬼どもは果して此の大御心《おおみこころ》の広大無辺なのを了解するであろうか。おそらく考えるだけ無駄な結果であると思う。それよりも吾々はたとえここで一億が死するのであれば満足なのである。あくまでも闘い抜きたいのである。靖国の神霊に、特攻隊の人々に、又爆死された人々に吾々はなんといって御詫びを申上げてよいのだろう。（同）

と書いた。向井は当時二五歳、降伏は特攻隊、そして原爆死者に申し訳ないという感情から、徹底抗戦を願う心情を記した。興味深いのは、向井が「原子爆弾の出現は世界の人類の破滅である」から降伏するという天皇の説明に対し、そんなことを言っても外国人には通用しない、ならば特攻隊に殉じて一億玉砕すべきだ、と正面から異を唱えたことである。これはこれで筋の一本通ったリアリスティックな考え方である。

高知県の国民学校（今の小学校）訓導・又川真久は八月一五日の日記に、「無条件降伏とも思われる程の屈辱の原因は原子爆弾とソ聯の対日参戦である。この新型爆弾の威力は第一線の特攻隊やその他凡《すべ》ての戦争方法を一変しなくてはならなくなり、一億国民の全員殺《さつ》戮《りく》も易々たるものであると云う。吾々の希望は断たれた」と書いた（同）。

又川は当時二二歳、病気で軍隊を召集解除となり、故郷で教師をしていた。神国が敗けるという考えそのものがなかったという。天皇の「科学の力は特攻も対抗し得ず」という主張は、一般国民にも容易に理解できるものだった。

徳島県知事の内務大臣宛治安情勢報告によれば、同県の古物商・神本恒夫は一六日、「本当に意外で戦死者や戦災者の方が御気の毒でならぬ。又発表の前夜特攻隊長が九時の放送で後に続くを信じて出陣すると言った声が未《いま》だに耳に残って居り、誠に残念だと思う。／私は今後も内地で一生懸命に働きたいと思うて居る」と述べた（徳島県知事「大詔渙発に伴う措置並に反響等内査に関する件」粟屋編『資料 日本現代史 二』所収）。

神本は「半島人」、すなわち朝鮮人だった。「一生懸命に働きたい」の個所は身の安全を守るための台詞《せりふ》かもしれないが、ラジオの流した特攻隊宣伝が土壇場まで国民の抗戦意識を高めていたことがわかる。

田舎の徹底抗戦論

もっとも、徹底抗戦論には都会と田舎で温度差があった。杉浦明平の八月一五日の日記は、放送直後にみた愛知県渥美半島の農村内の様子を、自転車で何処かを一廻りして来て十人中七人までは戦争終了に反対だ、向うが来れば男は皆殺されてしまうか、何もかもとりあげられて餓死するかだ、といきり立った。「あーああ、特攻隊の人々も皆犬死になってしまった、そうなるのではないかと思っていた」と吐息したのは三人息子を戦死させた倉吉である。／隣へ行くと兵隊が二人、村のものが二、三人集って、とうとう最後までやることになったそうな、と言う。ラジオが聞きづらいので最後の一人まで云々という個所だけ耳にしたらしい。説明してやると、区長の登三さは向うが上陸してくるまでやるべきだ、と主唱し出す。（若杉・鳥羽編『杉浦明平暗夜日記』）

と描いている。「兵隊」は本土決戦に備えた駐留部隊の兵士である。空襲の被害を受けず、飢えてもいない農村部では、なおも一億総特攻の戦争継続論が強く、特攻隊を「犬死」と感じた人は少数派だった。

同様の社会状勢を内務省警保局保安課も報じている。八月二六日付の治安情勢報告は、農村方面では過去久しきにわたって戦争の必勝を信じ、増産に供出に労力奉仕に精進してきたため、「十五日の重大放送に対し一億総突撃の大号令が下るものと期待し」ていた者が多かった、そこへはからずも終戦の詔書を拝したため衝動は極めて大なるものがあり、そのため一時的に目標を失い、食糧増産と供出の意欲は著しく低下の傾向にある、と述べている（警保局保安課「戦争終結に関する廟議決定前後に於ける治安状況」粟屋編『資料 日本現代史 二』所収）。

農村部では都会と違って「一億総突撃」すなわち一億総特攻はけっして絵空事とは考えられておらず、それが敗戦で実現しなかったことへの「落胆」は大きかった。

もっとも、「一億総突撃」が降伏により未発に終わったことへの失望はそう永くは続かなかった。杉浦明平がみた渥美半島の工員たちははやくも八月一六日、涼しい物陰に寝そべりながら、米国人は憎くない、むしろ今まで「ワシントンで入城式をするの、日本の上空へは敵機は一機も入れないの、入れたら体当たりで落してしまうの、空爆で破れた国はないの、敵が上陸して来たら水際でやっつけるの、飛行機はいくらでもあって山の蔭にかくしてあるのと言った奴らを殺してしまえ」などと、特攻を推進してきた指導者たちを公然と批判しはじめていた。これ以降、我々国民は上にだまされた被害者である、という意識が急速に広がっていく。

そして八月三一日になると、町民たちは駐留部隊が本土決戦に備えて貯蔵していた物資の分捕り合戦をくりひろげていた。老兵が二人三人と召集解除となって背負えるだけの物資を持ち帰り、隊でも各自に軍需品の分配を始めた。これに一般民間人が加わったため、みな「米や毛布のもらったのもらわないの、の問題に夢中にな」り、敗戦のことはすっかり忘れられていった。

このように、わずか半月ほどで、特攻どころか敗戦したという事実自体が忘れさられてしまっていた。これが終戦から半月たったある農村部の偽らざる姿である。もっとも国家の治安維持機構は戦前と変わることなく温存されており、憲兵が来て村人に米俵を返却させたため、人びとは兵隊に面白からぬ感じを抱くようになった。

興奮と諦め

軍の内部でも、一部では特攻による戦争継続が叫ばれた。海軍の厚木《あつぎ》航空隊（神奈川県）は一九四五年八月一六日、徹底抗戦を主張するビラを空から撒《ま》いた。そこには「国民よ米英蘇走狗《そうく》の甘言を信ずる勿《なか》れ　百年千年の汚名と米英の永遠の防遏〔暴圧？〕に生きるを思わば原子爆弾恐るるに足らず、我に真の日本魂と特攻あり　一切の陸海航空兵は未だ健在なり」とあった（警保局保安課「戦争終結に関する廟議決定前後に於ける治安状況」粟屋編『資料　日本現代史　二』所収）

これは「科学の力は特攻も対抗し得ず」といって降伏を決めた昭和天皇に対する真正面からの批判になっている。だが、彼らに呼応して徹底抗戦に決起する部隊はなく、やがて反乱は鎮圧される。

一方、海軍主計大尉の山上政之は八月一七日の日記で、「三〇〇〇年の歴史に終止符を打つ事は諦めきれぬ。それにしても、尚《なお》数千機と数百の特攻兵器が健在なのに、〔なぜ〕最後の一戦を交えないで降伏したのだろうか。バドリオ〔伊国降伏時の首相、裏切り者の意〕か愛国か。それをしも天皇の聖断と称するか」（河邑編著『昭和二十年八月十五日 夏の日記』）と無念の意をもらしている。

山上は当時二九歳、東大経済学部卒、海軍艦政本部勤務だった。すでに軍需品の材料はなく艦隊の主力も全滅していたので、もう敗けると思っていたという。それでも徹底抗戦した独伊に較べ、「日本は沖縄を奪われただけで、空爆に悲鳴をあげるとは、あまりに情ない極み」（八月一四日の日記）と書いていた。彼にとって降伏は指導者が天皇の名を借りておこなった保身に過ぎず、なおも特攻に一縷の勝利の望みを託していた。

医学生・山田誠也《やまだせいや》（のちの作家・山田風太郎《ふうたろう》）は八月一八日の日記に、「特攻隊は何のために死んだんだ。可哀そうなことをしたなあ。いいや、特攻隊とか満州とられるとか、そんな損得いうんじゃねえ。ただ降参するって手はねえ。最後の一人まで戦って、日本が滅んだらそれでいいじゃあねえか。それでこそ勝ったということにならねえか。花々しく全滅したら気持がいいじゃあねえか」という、知人の町工場主人の悲憤を書き留めている（山田『新装版　戦中派不戦日記』）

もっとも、この悲憤はしょせん愚痴に過ぎなかった。その最後は「こうなったら、せいぜいノンビリやるさ。いまさら泣きわめいたってしかたがねえ」という諦めの言葉で結ばれた。みな、特攻隊に続いて「花々しく全滅」する気などとっくになくしていたのである。

指導者批判

やがて、国民のあいだからは、我々は軍や政府の唱えた「一億総特攻」のかけ声にだまされていた、という声が多く聞かれるようになった。

警視庁情報課が九月一日から一五日にかけての東京で拾った「街の声」によると、九月五日には、「政府は最後の一人迄《まで》戦う決心でやれば必ず勝つと云うから、三度の食事を二度にしても勝つためには我慢して来たのに、こんな事なら始めから戦争をしなければよかった、仮令《たとい》始めても勝目がないと判ったら大都市を焼かれない前に和平すべきであった」との声が上がっていた（警視庁情報課「街の声」粟屋編『資料　日本現代史　二』所収）。

八月一七日、首相に就任した東久邇宮は九月五日、国民に向けて敗戦への経緯を明らかにする演説をおこなった。これを聞いた東京都・三田四国町《みたしこくまち》（現・芝二〜五丁目）の町会長は同月七日、「飛行機は陸海軍合計一万五千機もまだあったと云うが、艦船の少いのは一驚を喫した。あれで克《よ》く世界を相手にまだ頑張ろうとした軍部の押しの太さには呆れて終《しま》うと共に、本当に吾々としては冷汗三斗の思いがした」と語っている（警視庁「首相宮施政御演説に対する庶民指導層の意嚮」同『資料　日本現代史　二』所収）。

どちらも我々は愚かな軍や政府の唱えた「一億総特攻」論に欺《だま》された被害者、との意見である。

だが、一億特攻に固執する声もわずかではあるがあった。愛媛県在住の会社員・宮崎繁義は、九月八日、ラジオ放送で敗戦の真相を聞いた感想として、国民が何が何でもやり抜くという決意を持っていたのは、それが「欺瞞《ぎまん》政策」によるものであっても日本の強みだった、サイパン失陥後は率直に国民に事実を伝えてもらいたかった、そうすれば国民は悲観によって逆に戦闘意欲を増し、「真に一億一心となり一億総体当りに依り今日の如き結果を見るを免がれた事であろう」からと述べている（愛媛県知事「議会に於ける首相宮殿下の演説に対する反響に関する件」同『資料　日本現代史　二』所収）。

戦争中の政治を「欺瞞政策」と批判しつつも、国民が真に「一億総体当り」の精神に徹していたら少しはよい結果になっていたのでは、となお諦められない心情の吐露である。

佐賀県知事・宮崎謙太《みやざきけんた》は九月一一日の管内治安情勢報告で、各層を通じて、皇土防衛は完璧、一部に島嶼《とうしょ》守備隊の玉砕はあったが全軍はなお健在、「特に陸海軍特攻隊の攻撃準備は完備し」ているとの潜在意識が濃厚だった矢先に、終戦の詔書が出たため、これは中央における親英米派の策動だ、陸海軍上層幹部の厭戦気分の台頭、側近重臣層特権階級および財閥の策動だ、などと相当激越な批判的言辞を弄する者がいた、と内務大臣に報告している（佐賀県知事「敗戦原因発表に対する部民の言動に関する件」同『資料 日本現代史 二』所収）。

この報告は、当初は特攻隊を頼みに徹底抗戦論を唱える者が多かったが、東久邇宮首相の施政方針と敗戦理由についての演説を聴いて「今後に於ける抗戦の無駄にして結局勝算なきを知るに及び、民族の保存と日本再建の為には大詔渙発又止むなしとの見解に到達」したようだ、と観察していた。

実際、佐賀県民の一人である西松浦《にしまつうら》郡工場勤務の岡文吾は、敗戦から一ヵ月近くたった九月一一日、「日本船舶が二十万噸《トン》余とは驚いた。どう考えても勝つ見込はない。飛行機も最高二千台位では特攻機がいくら有っても駄目だ。殿下の発表で国民は意外に思ったであろう」と述べている（同）。

宮崎知事の報告や岡の発言は、日本独自の特攻が戦時下国民の抗戦意志の維持に果たした役割の大きさを裏書きするといえよう。

小括

多数の特攻機をつぎ込んだ沖縄戦に敗退するや否や、昭和天皇をはじめ指導者たちは自らの支配体制を守るために、和平への道をたどりはじめた。最終的な降伏決断の決め手になったのは、本書の文脈では原爆の投下である。いくら物量を誇る米軍といえど「大和民族一億を鏖殺する鉄量」まではないのだから、特攻さえ続けていればいつかは参るはずだ、という国民に向けた戦争継続のロジックが、原爆の出現により崩れたからである。日本独自の「新兵器」特攻の優位は完全に失われた。

「科学の前には特攻も対抗し得ず」という天皇の発言は、戦争で多くの犠牲を強いられてきた国民に降伏を納得させるため発せられたといえる。国民もそれを素直に納得していき、特攻隊員の献身の切り捨てや忘却がはじまっていく。

終章　特攻隊員と戦後

特攻の現実

特攻に関する人びとの心のつぶやきや内なる叫び、そして文字通りの絶叫を通じて浮かびあがってきたのは、「特攻の現実」は当事者たちによって異なり、そもそもそれをかたちにすること自体がとても難しいということである。ここでいう当事者たちには内地の一般国民も含まれる。本書では、その現実をさまざまな人のケースに即してみてきた。

特攻は一九四四年、目前の戦局挽回とともに、戦争を支える飛行機を作る国民の士気を高め、自発性を呼び起こすためにはじめられた。ゆえに、特攻は単なる軍事作戦ではなく、日本における総力戦の一環とみるべきである。

特攻隊員たちの考え方は多様であるが、戦争末期に近づくにつれ、特攻による勝利の可能性は失われ、多くの隊員が自分の殻、深い孤独のなかに閉じこもっていった。突入死は長く苦しい孤独からの解放であった。

一方、国民も特攻に対する期待を寄せたが、その期待は徐々に失われていった。しかし、国民を戦争に惹きつけておくため唱えられた「一億総特攻」のスローガンは、とくに地方では敗戦まで有効であった。

特攻に対する見方は人によって違っていた。多くの人に共通するのは、一発逆転を可能にしうる唯一の「新兵器」という見方である。原爆という米軍側の「新兵器」の出現によってこの見方が否定されたことが、降伏実現への大きな足がかりとなった。しかしそのような国民の打算や混乱は、死を目前にした特攻隊員にはもはや関係のないことであった。自分は大日本帝国とは関係ない、おとぎ話の国へ行くのだ、とつぶやきながら突入していった特攻隊員もいたからだ。

しかし多くの日本人は特攻隊員の後に続くことはなかった。第六航空軍司令官・陸軍中将の菅原道大は四五年九月二三日の日記に「本日、川嶋《かわしま》〔虎之輔《とらのすけ》〕参謀長より特攻隊の精神顕彰事業を為すは予を措《お》いて他なし。今後中心となりて活動せらるれば吾等も亦《また》傘下に入りて、一臂《いっぴ》を揮《ふる》わん〔力を貸そう〕との話あり……此の際の自決は結局自慰に過ぎず、何等の意義なしとの同氏の議論に対しても、今後予が当然天職として為すべき仕事あらば喜んで生きながらえん」と書いた（偕行社編『菅原将軍の日記』）。

菅原が多くの特攻隊員を送り出しながら、自らは後を追わなかったことへの批判は今でも根強い。たしかに菅原は陸軍中将、航空軍司令官という高い地位にあり、責任は重い。だが、彼だけを批判するのは公平だろうか。結局後に続かなかったのは、特攻隊員の〝壮挙〟に感動し、本気で一億特攻を考えていた国民も同じだからである。

多くの日本国民は昭和天皇が自ら唱えた「科学の力は特攻も対抗し得ず」論を受け入

れ、特攻隊員を記憶の片隅に押しやっていった。警視庁情報課「街の声」（四五年九月一〜一五日）は次のような市井《しせい》の声を拾っている。

甲　敗けたね、一番の原因は何だろう。
乙　科学さ、精神力も科学の前に敗けたんだ。
甲　米国では科学者をとても優遇したってね。
乙　それなんだ。日本の政府は少しも力を入れていなかったから原子爆弾だって研究されて居ながら完成出来なかったんだな。
甲　肉弾だけでは勝てないね。日本は余り肉弾に頼り過ぎた感がある。

とはいえ、その特攻隊員を声高に批判する声は、少なくとも敗戦当初は少なかった。戦後日本では特攻隊員とその遺族は「犬死」、「特攻くずれ」などといって虐げられた、とよくいわれる。だが「街の声」は「此の戦争中一生懸命働いたのは特攻隊と吾々学徒と農家と刑務所の囚人ばかりじゃないか。だから戦争は敗けたんだ」という特攻隊員に同情的な学生の声を拾っている。

「特攻くずれ」

しかし、生き残った特攻隊員たちが復員してくると、国民は冷たいまなざしを向けるようになる。作家の志賀直哉《しがなおや》は四五年一二月一六日付の『朝日新聞』投書欄「声」に「特攻隊再教育」と題する投書をした。その要旨は、特攻隊員は死ぬための「変態的な教育」を受け、敗戦後の世相を白眼視している、しかも出撃を前に飲酒と女遊びの悪い習慣を身につけていた、そんな彼らが復員してきたら社会不安のもとである、一部では彼らを「特攻隊くずれ」と呼んでいるようだが、自分はそういうことはいいたくない、だから政府が再教育を施すべきだ、というのである。

この投書は論議を呼び、同月二二日付の同紙「声」欄には賛否両論が寄せられた。地方へ行くと働いているのは戦時中と同じく老人や女ばかりで若い者は立ち話をしている、「復員の諸君中には命令のみして部下を働かせることを、高潔と感ずる気分が、あるのではあるまいか」（藤原咲平《ふじわらさくへい》〈理学博士〉）という賛成論もあれば、「もし『特攻くずれ』があるとすれば、それは彼等が受けて来た教育の罪よりも　寧《むし》ろ現世相の罪だ」（北條明直〈復員軍人〉）、一部の不心得者だけを挙げて特攻隊員の再教育を提起されるのは迷惑である、戦争中は銃後にも酒や女遊びで国難を傍観していた「人間くずれ」がいたではないか（江原武雄〈元特攻隊員〉）と反発する復員兵もいた。

特攻隊員に祈りを捧げる女学生（『写真週報』1945年5月9日）

当時の混乱した世相で強盗などの犯罪が多発していた。新聞でも、特攻隊員の起こした犯罪がことさらにクローズアップされた観がある。たとえば一二月二六日付『朝日新聞』の記事「特攻隊員、辻強盗に転落す／悪友に誘われて泣いて語る〝罪の心境〟」は、強盗で捕まった一七歳の元特攻隊員について報じている。彼は海軍飛行兵長として相模《さがみ》湾の水際で機雷を抱いて敵に体当たりするはずだったが復員し、悪友に誘われて悪事に手を染めたのだった。「嘗《かつ》て特攻隊員として国民から尊敬されていた身が強盗をやった時の気持は？」との質問に「厭《いや》だった（泣く）然し復員当時は兵隊が負けたんだと言う風な態度で扱われまた敗残兵と言われた」と答え、「激しくむせび泣きながら飛行服の袖をこするばかりだった」。かつて神とあがめられた特攻隊員の正体を暴いてみたいという下卑《げび》た欲望に応えるべく書かれた記事といえる。彼らは、戦後社会でも孤立していた。

志賀の投書や報道における元特攻隊員への白眼視は、「嘗《かつ》て特攻隊に対し、何ともいいようのない悲愴な感情を持った」（「特攻隊再教育」）にもかかわらず敗戦国民へと転落したおのれを恥じ、ゆえに過去を忘れ去ろうとする、一種の防衛機制と解釈できる。

志賀の「特攻隊再教育」を読んで激怒したのが作家の坂口安吾《さかぐちあんご》である。坂口は一九四七年のエッセイ「咢堂《がくどう》小論」で「志賀直哉の眼が特攻隊員の再教育などということに向けられ、ただ一身の安穏を欲するだけの小さな心情を暴露したということは、暴露せられた軍人精神の悲惨なる実体と同じ程度に文学の神様の悲痛極まる正体であった」と志賀を厳しく批判した（『坂口安吾全集　四』）。

坂口は同じ四七年のエッセイ「特攻隊に捧ぐ」で、特攻隊を無駄死にとする意見に反論を加えた。特攻隊は「戦法としても、日本としては上乗のものだった……戦争の始めから、航空工業を特攻専門にきりかえ、重爆などは作らぬやり方で片道飛行機専門に組織を立てて立案すれば、工業力の劣勢を相当おぎなうことが出来たと思う……日本軍の作戦の幼稚さは言語同断で、工業力と作戦との結び方すら組織的に計画されてはおらず、有力なる新兵器もなく、ともかく最も独創的な新兵器といえば、それが特攻隊であった」と述べている（『坂口安吾全集　一六』）。これは戦時中の特攻言説を正確になぞったものである。

坂口は、特攻隊は死を強要されたという意見に対して「強要せられた結果とは云え、凡人も亦《また》かかる崇高な偉業を成就しうるということは、大きな希望ではないか……ことさらに無益なケチをつけ、悪い方へと解釈したがることは有害だ」と反論した。そして、「私は戦争を最も呪う。だが、特攻隊を永遠に讃美する。その人間の懊悩苦悶《おうのうくもん》とかくて国のため人のためにささげられたいのちに対して」とまで述べた。

かつて神と言われた特攻隊員が戦に負けるや掌《てのひら》を返され、無駄死にと言われたことへの義憤がこのエッセイを書かせたのである。もっとも、「特攻隊に捧ぐ」はGHQの検閲により、掲載予定の雑誌から削除された。

この義憤を、特攻美化とか、事実と違うといって切り捨てるのは容易だ。だが、それは特攻がなぜ続けられたのかについて考えるのを止めてしまうことにもなりはしないか。

軍人たちの沈黙

坂口のような特攻隊員擁護論は、遺族の感情や（賛否は別として）特攻に対する後世の評価を思えば、かつての特攻作戦の推進者たちが提起すべきだったろう。だが、彼らは自らの責任逃れのため、なぜ特攻を推進したのかをきちんと言葉にすることなく、臭いものに蓋扱いに終始した。特攻隊員の後を追って死ぬかどうかよりも、こちらのほうがよほど問題ではないだろうか。

先に特攻機開発を「低級」と述べた元陸軍中将の河邉虎四郎は一九四七年八月二三

日、GHQ歴史課に提出した「最高統帥部の航空特攻の取扱いに関する陳述書」のなかで、当時陸軍の最高統帥部は来たるべきフィリピン戦で「数的に大規模の特攻を胸算《きようさん》」していたが、（天皇の）最高命令をもって特攻隊を編成し、空中勤務者を強制して特攻隊に入れる措置はいっさい採らなかった、その理由の一つは、特攻はどこまでもその時々の状況に応じて各操縦者が自らの判断によって個々に実施すべきものであり、一般の戦法のように命令で実行を強制すべきでないと考えたから、もう一つは多数の特攻志願者があり、そのなかから特攻要員を選定すれば事足りる状況で強制の必要がなかったから、と説明していた（佐藤元英・黒沢文貴編『GHQ歴史課陳述録 終戦史資料（下）』）。

特攻は現地の志願者が個々の判断によりおこなったもので、軍中央が正式に立案、命令した作戦ではなかったというのである。河邊は四四年八月に陸軍航空部門のナンバー2である航空総監部次長に就任していたから、自分（と天皇）は特攻を命じてなどいない、といっているに等しい。

元連合艦隊参謀・元海軍大佐の淵田美津雄《ふちだみつお》も四九年六月二四日、同じくGHQ歴史課に提出した「海軍航空特攻に関する陳述書」で、神風特攻隊の編成は主に搭乗員の熱意に発し、当時の第一航空艦隊司令長官・大西瀧治郎の決裁で彼の艦隊内かぎりでおこなわれたものであり、連合艦隊や大本営の指導によって創始されたものではないと主張した（同）。

このような態度に終始し、勝者の米国に向かって自分は特攻と無関係、と弁明に努めた彼らが、その後特攻隊員の慰霊を唱えることはあっても、戦争中の特攻作戦の目的――特攻隊員の死の意味をつきつめて考えたり、世の中へ向けて真剣に語ることはなかった。ほんとうは、特攻は米兵の命を奪うことで和平につなげるという一貫した軍の方針に基づき継続され、多くの隊員がそれを信じて死んでいったにもかかわらずである。

参考文献一覧　※五十音順

アメリカ合衆国戦略爆撃調査団編〈正木千冬訳〉『日本戦争経済の崩壊　戦略爆撃の日本戦争経済に及ぼせる諸効果』日本評論社、一九七二年
アレン，トーマス、ポーマー，ノーマン〈栗山洋児訳〉『日本殲滅』光人社、一九九五年
粟屋憲太郎編『資料　日本現代史　二　敗戦直後の政治と社会①』大月書店、一九八〇年
飯田佐次郎『富嶽隊遺稿集』私家版、一九七五年
生田惇『陸軍航空特別攻撃隊史』ビジネス社、一九七七年
礒部巌「ある特攻隊員の話」『郷友』三〇―一、一九八四年一月
一色次郎『日本空襲記』文和書房、一九七二年
井樋典弘編『石腸隊拾遺』私家版、一九九〇年
伊藤純郎『特攻隊の〈故郷〉霞ヶ浦・筑波山・北浦・鹿島灘』吉川弘文館〈歴史文化ライブラリー〉、二〇一九年
伊藤整『太平洋戦争日記（三）』新潮社、一九八三年
伊藤隆編『高木惣吉　日記と情報』みすず書房、二〇〇〇年
猪口力平・中島正『神風特別攻撃隊』日本出版協同、一九五一年
上原良司著・中島博昭編『新版　あゝ祖国よ　恋人よ　きけわだつみのこえ　上原良司』信濃毎日新聞社、二〇〇五年
ウォーナー，デニス、ウォーナー，ペギー〈妹尾作太男訳〉『ドキュメント神風　下』時事通信社、一九八

二年
宇垣纏『戦藻録』原書房、一九六八年
海野十三『海野十三敗戦日記』中公文庫、二〇〇五年
遠藤彰『雲の塔 航空五六期の大戦中の軌跡』紫鵬会、一九九三年
遠藤三郎『日中十五年戦争と私 国賊・赤の将軍と人はいう』日中書林、一九七四年
大西瀧治郎述『朝日時局新輯 航空機増産 血闘の前線に応えん』朝日新聞社、一九四四年
大貫健一郎・渡辺考『特攻隊振武寮 帰還兵は地獄を見た』朝日文庫、二〇一八年
大佛次郎『終戦日記』文春文庫、二〇〇七年
小沢郁郎『改訂版 つらい真実 虚構の特攻隊神話』同成社、二〇一八年
押尾一彦『特別攻撃隊の記録〈陸軍編〉』光人社、二〇〇五年
海軍神雷部隊戦友会編集委員会編『海軍神雷部隊』海軍神雷部隊戦友会、一九九六年
海軍飛行予備学生第十四期生会編『あゝ同期の桜 かえらざる青春の手記』光人社、二〇〇三年（新装版）
海軍飛行予備学生第十四期生会編『続・あゝ同期の桜 若き戦没学生の手記』光人社、一九九五年
第二〇一海軍航空隊元隊員共著、中野忠二郎編『二〇一空戦記』海軍二〇一空会、一九七三年
偕行社編『菅原将軍の日記 一八・五・一四―二〇・一二・一九』※靖国偕行文庫所蔵、『偕行』一九九五年一月号〜九六年六月号に連載された「菅原将軍の日記」の複写綴り
加賀博子編『改訂版 日なり楯なり 林市造遺稿集／日記・母への手紙』櫂歌書房、一九九五年
河内山譲『富嶽隊の十八人 特攻隊長西尾常三郎の生涯』光人社NF文庫、二〇〇〇年
河邊虎四郎文書研究会編『承詔必謹 陸軍ハ飽マデ御聖断ニ従テ行動ス』国書刊行会、二〇〇五年
河邑厚徳編著『昭和二十年八月十五日 夏の日記』角川文庫、一九九五年
喜田泰臣『陸軍特別攻撃隊 殉義隊隊長敦賀真二 二十一歳八ヶ月の生涯』私家版、一九八九年

木戸日記研究会編『木戸幸一日記 下巻』東京大学出版会、一九六六年
木戸日記研究会編『木戸幸一関係文書』東京大学出版会、一九六六年
木村栄作編『天と海 常陸教導飛行師団特攻記録』天と海刊行会、一九八八年
清沢洌『暗黒日記 二』ちくま学芸文庫、二〇〇二年
清沢洌『暗黒日記 三』ちくま学芸文庫、二〇〇二年
宮内庁編『昭和天皇実録 第九』東京書籍、二〇一六年
軍事史学会編『大本営陸軍部戦争指導班 機密戦争日誌 下』錦正社、一九九八年
ケネディ，マクスウェル・テイラー〈中村有以訳〉『特攻 空母バンカーヒルと二人のカミカゼ』ハート出版、二〇一〇年
小池猪一編『海軍予備学生・生徒 第三巻』国書刊行会、一九八六年
故大西瀧治郎海軍中将伝刊行会編『大西瀧治郎』同会、一九五七年
故三浦恭一少佐遺稿刊行会編『陸軍特別攻撃隊 皇魂隊と隊長三浦恭一少佐』同会、一九七五年
坂口安吾『坂口安吾全集 四』筑摩書房、一九九八年
坂口安吾『坂口安吾全集 一六』筑摩書房、二〇〇〇年
佐藤元英・黒沢文貴編『GHQ歴史課陳述録 終戦史資料（上）』原書房、二〇〇二年
佐藤元英・黒沢文貴編『GHQ歴史課陳述録 終戦史資料（下）』原書房、二〇〇二年
下野清編『慶良間の海に 及川少尉陣中日誌』私家版、一九八八年
鈴木勘次『虚しき挽歌 特攻―この不条理の記録』マグブロス出版、一九七七年
高木俊朗『陸軍特別攻撃隊 一』文春学藝ライブラリー、二〇一八年
高木俊朗『陸軍特別攻撃隊 二』文春学藝ライブラリー、二〇一九年
高見順『敗戦日記』文春文庫、一九八一年

竹下甫水『竹下甫水時局日記』文泉堂書店、二〇一〇年
知覧高女なでしこ会『知覧特攻基地』文和書房、一九七九年
津田道夫編『ある軍国教師の日記』高文研、二〇〇七年
土居良三編『学徒特攻 その生と死 海軍第十四期飛行予備学生の手記』国書刊行会、二〇〇四年
東郷茂徳『時代の一面 大戦外交の手記』中公文庫、一九八九年
特攻隊戦没者慰霊平和祈念協会編『特別攻撃隊全史』同会、二〇〇八年
冨永謙吾『大本営発表 海軍篇』青潮社、一九五二年
東京都立武蔵高女青梅寮生の会編『飛行機工場の少女たち 女学生勤労動員の記録』同会、一九七四年
中尾裕次編『昭和天皇発言記録集成 [下巻] 昭和一六年〜昭和六〇年』芙蓉書房出版、二〇〇三年
中村正吾『永田町一番地』ニュース社、一九四六年
野村実編『侍従武官 城英一郎日記』山川出版社、一九八二年
白鷗遺族会編『増補版 雲ながるる果てに 戦没海軍飛行予備学生の手記』河出書房新社、一九九五年
八王子郷土資料館編『八王子の空襲と戦災の記録 市民の記録編』八王子教育委員会、一九八五年
蜂谷道彦『ヒロシマ日記 改装版』法政大学出版局、二〇一五年
林尹夫『わがいのち月明に燃ゆ』ちくま文庫、一九九三年
東久邇稔彦『一皇族の戦争日記』日本週報社、一九五七年
藤井貞雄編『千歳特攻隊始末記 最後の零戦パイロットたち』北海道新聞社出版局〈製作〉、一九八四年
藤田尚徳『侍従長の回想』中公文庫、一九八七年
防衛庁防衛研修所戦史室編『戦史叢書 大本営海軍部・連合艦隊〈六〉第三段作戦後期』朝雲新聞社、一九七一年
防衛庁防衛研修所戦史室編『戦史叢書 海軍捷号作戦〈二〉フィリピン沖海戦』朝雲新聞社、一九七二年

防衛庁防衛研修所戦史室編『戦史叢書 大本営陸軍部〈一〇〉昭和二十年八月まで』朝雲新聞社、一九七五年
防衛庁防衛研修所戦史室編『戦史叢書 陸軍航空兵器の開発・生産・補給』朝雲新聞社、一九七五年
防衛庁防衛研修所戦史室編『戦史叢書 大本営海軍部・連合艦隊〈七〉戦争最終期』朝雲新聞社、一九七六年
保阪正康『日本原爆開発秘録』新潮文庫、二〇一五年
升本清『燃ゆる成層圏 陸軍航空の物語』出版協同社、一九六一年
南博編『近代庶民生活誌 第四巻 流言』三一書房、一九八五年
森岡清美『決死の世代と遺書 太平洋戦争末期の若者の生と死（補訂版）』吉川弘文館、一九九三年
森岡清美『若き特攻隊員と太平洋戦争 その手記と群像』吉川弘文館（歴史文化セレクション）、二〇一一年
森丘正唯・伊藤秀雄編『神風特別攻撃隊七生隊 森丘少尉』私家版、一九六七年
森本忠夫『特攻 外道の統率と人間の条件』光人社NF文庫、一九九八年
八牧美喜子『いのち 戦時下の一少女の日記』白帝社、一九九六年
山口志郎編『太平洋戦争 将兵万葉集』東京堂出版、一九九五年
山田風太郎『新装版 戦中派不戦日記』講談社文庫、二〇〇二年
山田康博『原爆投下をめぐるアメリカ政治 開発から使用までの内政・外交分析』法律文化社、二〇一七年
山本周五郎『山本周五郎 戦中日記』ハルキ文庫、二〇一四年
湯川達典『ある遺書 特攻隊員林市造』九州記録と芸術の会、一九八九年
横山孝一『八月十三日の神鷲 陸軍大尉・横山善次』私家版、一九九四年

与野市教育委員会市史編さん室編『与野市史 別巻 井原和一日記V』与野市、一九九五年
陸士五七期航空誌編集委員会編『陸士五七期航空誌 分科編』陸士五七期同期生会、一九九五年
陸士第五十六期同期生会編『礎』同会、一九六九年
陸士第五十六期同期生会編『礎 第二集』同会、一九七一年
若杉美智子・鳥羽耕史編『杉浦明平暗夜日記 一九四一―四五 戦時下の東京と渥美半島の日常』一葉社、二〇一五年
(編著者名なし)『杉村裕君追悼文集』一九四七年

あとがき

本書第一部に出てきた陸軍特攻隊殉義隊の隊長・敦賀真二中尉は、フィリピンに出発するまで茨城県の水戸飛行場に待機し、部下とともに飛行訓練をくりかえしていた。陸軍省報道部は著名な洋画家の伊原宇三郎《いはらうさぶろう》（一八九四〈明治二七〉～一九七六〈昭和五一〉年）を現地に派遣して、隊の出発場面をスケッチさせたり、隊員たちと交流させたりした。いずれも国民向けの宣伝に使うためである。

伊原がこの取材を通じて描いた絵は、戦争画「特攻隊内地基地を進発《しんぱつ》す（一）」として今に残っている。胴体に大きな稲妻のマークを描いた戦闘機「隼《はやぶさ》」に乗りこみ、今まさに発進せんとする敦賀の表情は、観る者の胸を打つ。

一方、伊原と隊員たちとの交流記は、「闘魂死生を超越する　陸軍特攻飛行隊員と起居した二日間の感激」と題して『週刊朝日』（一九四五年二月一八日）に掲載された。

軍は伊原にあらかじめ特攻隊員たちの身上調書を見せた。親子ほど年の離れた若者との会話の参考にするためだろう。その中身は「一人一人の家庭が目に見えるようで、中には十人兄弟で、四人の兄さんが出征中という武勲の家柄の方もあれば、資産数千万円と記された人もあった」という。さらりとした書き方だが、この戦争では貧乏人ばかりが死に、金持ちの息子は安全な後方にいるではないかという国民の批判を打ち消すためとみられる。

社会格差が広がる今の日本で伊原の文章を読めば、戦争が起こると格差は是正される、希望は戦争だ、などと思う人もいるかもしれない。しかし、資産家の息子も戦争に行った（とされた）のは、太平洋戦争が国を挙げての総力戦で、全員参加が求められ、傍観は許されなかったからである。将来の日本で戦争がふたたび起こるかどうかはわからない（ないと思いたい）が、その規模や手法は先の戦争とは大きく異なるものとなろう。

そこでかつての特攻のように、誰かがやらねばならないが、できれば誰もやりたくない〝仕事〟が現れたとしよう。昭和の昔なら国民平等に負担すべしとなっただろうが、令和のネット世論をみていると「そんな仕事は税金を払ってない者がやるのが当然」などと真顔で言い出す人が、政治家も含めて多そうだ。時代は変わったな、というのが、七五年前の伊原の手記を読んだときの感想である。本書で述べた特攻の推移や人びとの意識について、今の日本ならどうだろうかと考えてみると、何か思わぬ発見があるかもしれない。

本書の完成までには、講談社現代新書編集長の青木肇氏と所澤淳氏にたいへんお世話になった。いつも有り難うございます。

一ノ瀬俊也

引用は原則として漢字は新字体に、かなづかいは現代かなづかいに改めた。

引用文中に、今日では差別・偏見ととられる不適切な表現があるものの、歴史資料であることを考慮して、原文のまま引用した。

N.D.C. 210.7　250p　18cm
ISBN978-4-06-518440-0

講談社現代新書　2557

特攻隊員《とっこうたいいん》の現実《リアル》

二〇二〇年一月二〇日第一刷発行　二〇二〇年四月一日第二刷発行

著者　一ノ瀬俊也《いちのせとしや》　© Toshiya Ichinose 2020

発行者　渡瀬昌彦

発行所　株式会社講談社
東京都文京区音羽二丁目一二—二一　郵便番号一一二—八〇〇一

電話　〇三—五三九五—三五二一　編集（現代新書）
〇三—五三九五—四四一五　販売
〇三—五三九五—三六一五　業務

装幀者　中島英樹

印刷所　株式会社新藤慶昌堂

製本所　株式会社国宝社

定価はカバーに表示してあります　Printed in Japan

「講談社現代新書」の刊行にあたって

教養は万人が身をもって養い創造すべきものであって、一部の専門家の占有物として、ただ一方的に人々の手もとに配布され伝達されうるものではありません。

しかし、不幸にしてわが国の現状では、教養の重要な養いとなるべき書物は、ほとんど講壇からの天下りや単なる解説に終始し、知識技術を真剣に希求する青少年・学生・一般民衆の根本的な疑問や興味は、けっして十分に答えられ、解きほぐされ、手引きされることがありません。万人の内奥から発した真正の教養への芽ばえが、こうして放置され、むなしく滅びさる運命にゆだねられているのです。

このことは、中・高校だけで教育をおわる人々の成長をはばんでいるだけでなく、大学に進んだり、インテリと目されたりする人々の精神力の健康さえもむしばみ、わが国の文化の実質をまことに脆弱なものにしています。単なる博識以上の根強い思索力・判断力、および確かな技術にささえられた教養を必要とする日本の将来にとって、これは真剣に憂慮されなければならない事態であるといわなければなりません。

わたしたちの「講談社現代新書」は、この事態の克服を意図して計画されたものです。これによってわたしたちは、講壇からの天下りでもなく、単なる解説書でもない、もっぱら万人の魂に生ずる初発的かつ根本的な問題をとらえ、掘り起こし、手引きし、しかも最新の知識への展望を万人に確立させる書物を、新しく世の中に送り出したいと念願しています。

わたしたちは、創業以来民衆を対象とする啓蒙の仕事に専心してきた講談社にとって、これこそもっともふさわしい課題であり、伝統ある出版社としての義務でもあると考えているのです。

一九六四年四月　野間省一

日本史Ⅰ

1258 身分差別社会の真実——斎藤洋一 大石慎三郎
1265 七三一部隊——常石敬一
1292 日光東照宮の謎——高藤晴俊
1322 藤原氏千年——朧谷寿
1379 白村江——遠山美都男
1394 参勤交代——山本博文
1414 謎とき日本近現代史 野島博之
1599 戦争の日本近現代史 加藤陽子
1648 天皇と日本の起源 遠山美都男
1680 鉄道ひとつばなし——原武史
1702 日本史の考え方——石川晶康
1707 参謀本部と陸軍大学校 黒野耐

1797 「特攻」と日本人——保阪正康
1885 鉄道ひとつばなし2——原武史
1900 日中戦争——小林英夫
1918 日本人はなぜキツネにだまされなくなったのか 内山節
1924 東京裁判——日暮吉延
1931 幕臣たちの明治維新 安藤優一郎
1971 歴史と外交——東郷和彦
1982 皇軍兵士の日常生活 一ノ瀬俊也
2031 明治維新 1858-1881 坂野潤治 大野健一
2040 中世を道から読む——齋藤慎一
2089 占いと中世人——菅原正子
2095 鉄道ひとつばなし3——原武史
2098 戦前昭和の社会 1926-1945——井上寿一

2106 戦国誕生——渡邊大門
2109 「神道」の虚像と実像 井上寛司
2152 鉄道と国家——小牟田哲彦
2154 邪馬台国をとらえなおす——大塚初重
2190 戦前日本の安全保障——川田稔
2192 江戸の小判ゲーム——山室恭子
2196 藤原道長の日常生活 倉本一宏
2202 西郷隆盛と明治維新 坂野潤治
2248 城を攻める 城を守る——伊東潤
2272 昭和陸軍全史1——川田稔
2278 織田信長〈天下人〉の実像 金子拓
2284 ヌードと愛国——池川玲子
2299 日本海軍と政治——手嶋泰伸

日本史Ⅱ

世界史Ⅱ

世界史Ⅰ